PASSPORT

PASSPORT

Alle Reisepässe dieser Welt

Herausgegeben von
Nicola von Velsen

Mit Texten von
Philipp Hontschik

PRESTEL
München · London · New York

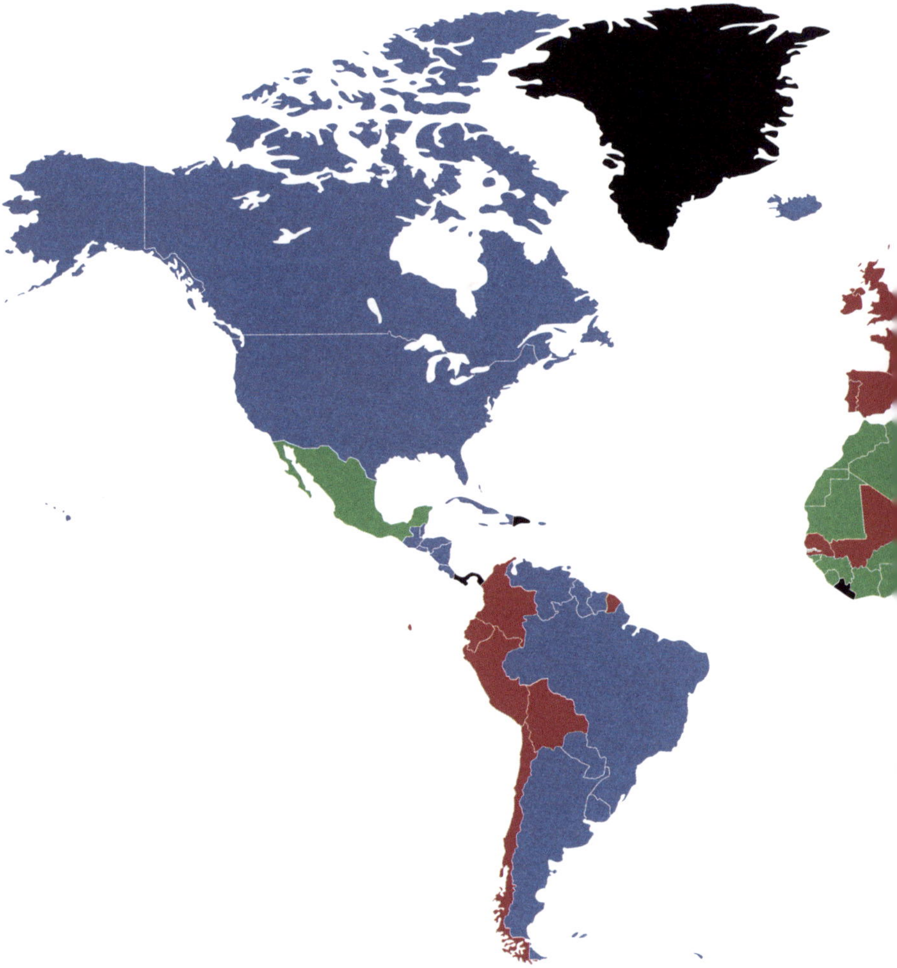

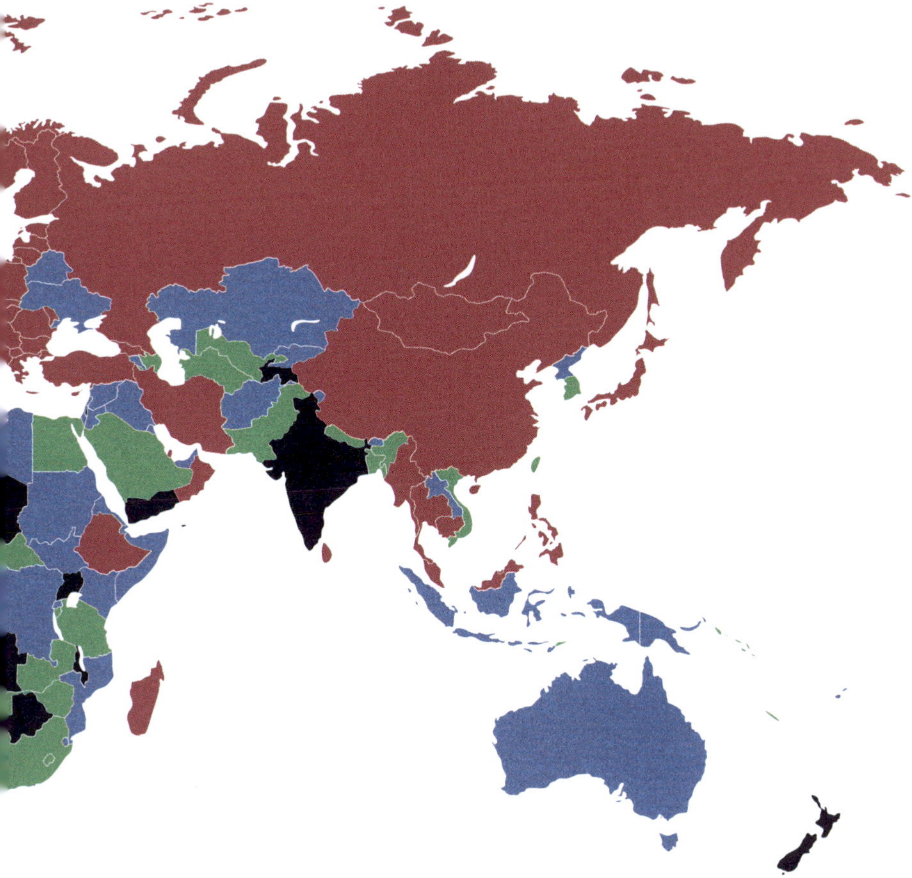

Länder von A bis Z

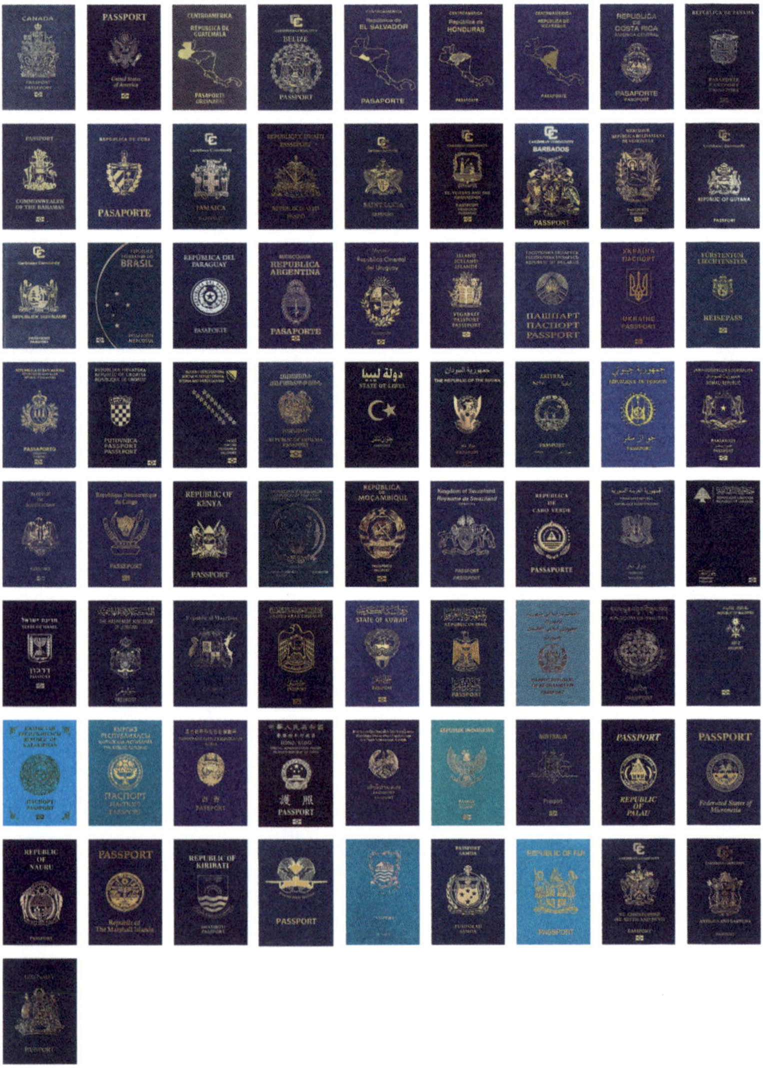
CANADA
PASSPORT
BELIZE
EL SALVADOR
HONDURAS
PASAPORTE
COSTA RICA
PASAPORTE
BARBADOS
PASSPORT
BRASIL
REPÚBLICA DEL PARAGUAY
REPUBLICA ARGENTINA
PASAPORTE
REISEPASS
STATE OF LIBYA
REPUBLIC OF KENYA
PASSPORT
PASSAPORTE
STATE OF KUWAIT
PASSPORT
PASSPORT
REPUBLIC OF PALAU
PASSPORT
Federated States of Micronesia
REPUBLIC OF NAURU
PASSPORT
REPUBLIC OF KIRIBATI
PASSPORT

Statt einer Gebrauchsanleitung

Dieses Buch versammelt die Umschlagvorderseiten der Reisepässe aus aller Welt als kleines Handbuch. Reispässe sind zu einem starken Symbol geworden. Einen Pass zu haben oder nicht zu haben, entscheidet aber auch ganz lebenspraktisch darüber, ob und wo sich ein Mensch aufhalten kann und darf.

Deshalb sind wir der scheinbar einfachen Frage nachgegangen, wie sie eigentlich alle aussehen, welche Farben sie haben, welche Spuren des Gebrauchs sie aufweisen. Viele Menschen aus der ganzen Welt haben uns dabei geholfen. Über private Netzwerke kamen Bilder der Pässe zu uns, und entsprechend schwankt die Abbildungsqualität.

Diese „Bilder" wollten wir zusammenbringen mit ausgewählten Informationen zu jedem Land und einer Orientierung darüber, wo auf der Welt man sich gerade bewegt.

Zwischen den Bildern und Daten bleiben viele Fragen offen – umso spannender ist es, sich mit dem Buch in diese Fragen zu vertiefen, ihnen nachzugehen oder plötzlich die Länder der Welt im Taschenformat versammelt zu finden.

Alle Einträge zu den Ländern sind gleich aufgebaut:

Ländername und Landesflagge

Vollständiger Ländername

★ = Hauptstadt

🏛 = Regierungsform

👥 = Einwohnerzahl, gerundet auf Zehntausender

▱ = Flächenangaben in km^2, gerundet

👥 = Einwohner je km^2

BNE = Bruttonationaleinkommen

BIP = Bruttoinlandsprodukt

S = Amtssprachen

↑ = Position im Passport-Index 2017 / Anzahl der ohne Visum, also nur mit dem Reisepass bereisbaren Länder

Die Anordnung der Reisepässe in diesem Buch orientiert sich an der geografischen Lage der Länder und an den Kontinenten. Der westlichen Leserichtung folgend beginnt die Sortierung im Nordwesten und endet im Südosten. Sämtliche Daten der Steckbriefe haben wir aus dem Vergleich unterschiedlicher Quellen abgeleitet, die Zahlen sind gerundet.

Angaben zu politischen Systemen folgen der Einordnung in den Quellen (u. a. Auswärtiges Amt, EU-Datenbank). Wie wenig diese indes über das Thema Reisefreiheit aussagt, zeigt etwa das Beispiel Syrien.

Einwohnerzahlen basieren auf den Angaben der Weltbank. Dabei stammen die jüngsten verfügbaren Zahlen aus dem Jahr 2015. Wo nur ältere Angaben verfügbar waren, ist dies explizit vermerkt. Die Weltbank stützt sich auf diverse Quellen. Vom Ergebnis der jeweils letzten Volkszählung wurde unter Annahme einer gewissen Geburts-, Sterbe- und Migrationsrate hochgerechnet – dabei kommt es aber zwangsläufig zu gewissen Ungenauigkeiten. Schon die Ergebnisse von Volkszählungen sind nicht in allen Fällen verlässlich, aber auch Migrationsbewegungen lassen sich nur schwer genau fassen. Die Zahlen haben wir mathematisch gerundet auf Zehntausender.

Flächenangaben basieren auf einem Vergleich unterschiedlicher Quellen. Wo Außengebiete nicht mit eingerechnet wurden, ist dies explizit vermerkt. Im Fall Dänemark beispielsweise umfasst das Landgebiet inklusive der Binnengewässer gerade knapp über 43.000 km², mit den Färöer-Inseln und vor allem Grönland kämen aber noch einmal über zwei Millionen km² hinzu. Weil die Angaben in den Quellen durch unterschiedliche Faktoren (umstrittene Grenzverläufe, Neuvermessungen etc.) differieren, geben wir die Zahl gerundet an: bei großen Ländern auf Hunderter, bei kleinen auf Zehner.

Die Einwohnerzahl pro Quadratkilometer kann selbstverständlich keine realen Verhältnisse abbilden, da die Menschen in Ballungsräumen auf engerem Raum leben, in ländlichen Gebieten auf weiterem. Diese Angaben sollen nur einen Vergleich zwischen den Ländern ermöglichen. In der Mongolei zum Beispiel kommen auf einen Quadratkilometer nur zwei Menschen – ganz anders in Macau: Hier sind es über 24.000 Menschen pro Quadratkilometer.

Das Bruttonationaleinkommen (BNE – bis 1999 sprach man vom Bruttosozialprodukt) eines Landes bezeichnet dessen volkswirtschaftliche Gesamtleistung in einem Jahr. Einkommen von Ausländern werden nicht eingerechnet, die der Inländer, die im Ausland arbeiten, hingegen schon. Die Weltbank, auf deren Angaben die Zahlen beruhen, rechnet mit der sogenannten „Atlas"-Methode das BNE auf einen einzelnen Einwohner herunter: Mit einem aus den zurückliegenden drei Jahren errechneten durchschnittlichen Wechselkurs wird das BNE eines Landes zunächst in US-Dollar umgerechnet und dann durch die Einwohnerzahl geteilt. Dabei entsteht eine gewisse Unschärfe, die Angabe ermöglicht aber immerhin eine grobe Einschätzung des Wohlstands der Bevölkerung eines Landes: In Monaco hatte der Einzelne 2015 im Durchschnitt 186.710 US-Dollar zur Verfügung – am anderen Ende der Skala steht Burundi mit nur 260 US-Dollar pro Person.

Die jüngsten verfügbaren Zahlen stammen aus dem Jahr 2015. Wo nur andere Angaben verfügbar waren, ist dies explizit vermerkt.

Anders als das BNE erfasst das Bruttoinlandsprodukt (BIP) nur die wirtschaftlichen Leistungen im Inland. Allein schon weil mit dem BIP gewöhnlich die wirtschaftliche Leistung einer Volkswirtschaft angegeben wird, führen wir es auf. Die Daten, angegeben in Mrd. US-Dollar, stammen ebenfalls von der Weltbank und – wo nicht anders vermerkt – aus dem Jahr 2015. USA hat das größte BIP, Tuvalu das kleinste.

Über den Passport-Index lässt sich erschließen, in wie viele Länder ein Staatsbürger reisen kann, ohne sich zuvor um ein Visum kümmern zu müssen. Deutschland etwa liegt auf Platz 1; ein Deutscher darf ohne Visum mit seinem Pass in 160 Länder reisen, ein Afghane – Afghanistan liegt auf dem letzten Platz – nur in 24. Die erste Zahl gibt die Platzierung im Ranking an, die zweite die Anzahl der Länder, in die der Passinhaber reisen darf, ohne ein Visum mitzuführen („visa-free and visa on arrival"). Zwei Organisationen führen diese Listen, namentlich die Firma Arton Capital (Passport Index™) und die Firma Henley & Partners (Visa Restriction Index 2016) – der Index steht als Liste auf Seite 438 / 439.

Die in einem Land zugelassenen Amtssprachen führen wir in alphabetischer Reihenfolge auf. Mit 37 Regionalsprachen gibt es in Peru die meisten offiziellen Amtssprachen. Indirekt zeugen sie in manchen Fällen eindrucksvoll von der Geschichte des Landes: Macau zum Beispiel gehörte bis 1999 zu Portugal, seither zu China; Portugiesisch ist aber Amtssprache geblieben.

Mit den schließlich angeführten kurzen Sätzen zu den Staaten möchten wir einen kleinen Ausblick, eine Charakterisierung oder eine überraschende Information zu den rund 200 sehr unterschiedlichen Ländern anfügen, die dieser Band über die Reisepässe versammelt.

Jeder erhält seinen Reisepass von dem Staat, dem er angehört. Der Reisepass berechtigt nach dem Recht des ausstellenden Staates zum grenzüberschreitenden Reisen und im Grundsatz zur Rückkehr in dessen eigenes Hoheitsgebiet. Neben den Angaben zur Person und zur Staatsangehörigkeit des Inhabers beinhaltet er leere Seiten, die für zusätzliche amtliche Vermerke des Ausstellerstaates oder die Anbringung von Vermerken anderer Staaten, wie Visum, Aufenthaltstitel oder Kontrollstempeln über die Ein- und Ausreise genutzt werden können. Seit Beginn der 2000er-Jahre findet der biometrische Reisepass zunehmend Verbreitung, bei dem Personendaten in elektronischer Form im Pass hinterlegt sind.

Neben dem Reisepass werden auch spezielle Pässe ausgestellt, wie der Dienst- oder der Diplomatenpass. Auch vom Reisepass gibt es in einigen Staaten unterschiedliche Varianten, etwa den vorläufigen Pass oder auch einen Pass speziell für Vielreisende, mit einer größeren Anzahl von Seiten. Pässe haben einen Umschlag und nummerierte Innenseiten. Auf der Umschlagvorderseite – den hier im Buch abgebildeten Covern – wird jeweils der ausstellende Staat genannt und das Wappen abgebildet sowie die Art des Reisepasses angegeben. Die Urheberrechte liegen beim jeweils ausgebenden Land. In aller Regel ist der Text im Pass nicht nur in der/den Amtssprache(n) des ausgebenden Staates aufgeführt, sondern auch in englischer und in französischer Sprache (Sprache der Diplomatie). Die Pässe des Heiligen Stuhls im Vatikan sind als einzige in einer toten Sprache verfasst: Latein.

Seit 1998 reguliert die internationale Luftfahrtbehörde International Civil Aviation Organization (ICAO), eine Organisation der Vereinten Nationen, die Standards für die Reisepass-Produktion, die als Empfehlung für nationale Regierungen angesehen werden.

Die Maße eines Reisepass entsprechen heute dem „Standard ISO/IEC 7810 ID-3“: etwa 125 × 88 mm (4.921 × 3.465 in) – also DIN B7. Im Jahr 1981 glichen die EU-Mitgliedsstaaten

COMUNIDAD ANDINA
NORGE NOREG
ROMANIA
ANDORRA
MALTA
Georgia
MONGOLIA
JAPAN
THAILAND
PILIPINAS
PASAPORTE
MALAYSIA
REPUBLIC OF SINGAPORE

die Gestaltung ihrer Reisepässe in vielen Punkten an, so im Format und in der Farbe (Bordeauxrot; nur Kroatien hebt sich ab: mit einem blauen Reisepass). Im Jahr 2005 wurde der biometrische Reisepass zum europäischen Standard.

Die Farben der Pässe

Die ausgebenden Länder können die Farbe ihres Reisepasses selbst wählen zwischen den vier Farben Rot, Blau, Grün und Schwarz. Zwar wurde in der EU 1981 dunkelrot zum Standard, aber diese Vereinheitlichung zur Demonstration der Einheit war schon 1975 durch die Mitgliedsstaaten der EU beschlossen worden. Bei einigen Reisepässen soll die Farbe die Kultur oder Religion eines Landes widerspiegeln. So haben islamische Staaten oft grüne Reisepässe, denn Grün ist die Farbe des Islam und findet sich auch in den Flaggen dieser Länder.

Wie die Farbübersichten zeigen, sind dunkle Farben bei den Pässen besonders beliebt. Sie verschmutzen nicht so leicht und das repräsentative Landeswappen wirkt auf dunklem Hintergrund besonders gut.

In Schweden und den Niederlanden gibt es sehr frische Farben: Bürger, die ihre Reisedokumente verloren haben, erhalten einen pinkfarbenen vorläufigen Reisepass.

In den Vereinigten Staaten wechselte die Passfarbe mehrfach: Der erste von 1918 war beige, drei Jahre später gab es einen grünen, dann folgten verschiedene Rottöne, bis 1941 wieder Grün angesagt war – seit 1976 ist der amerikanische Reisepass blau und folgt damit einer der Hauptfarben der Flagge.

Biometrische Pässe

Die biometrischen oder elektronischen Reisepässe kombinieren den klassischen Reisepass aus Papier mit elektronischen Komponenten, die über Scanner einlesbar sind. Es geht also um elektronisch auswertbare biometrische Merkmale in maschinenlesbaren Reisedokumenten. Seit Ende der 1990er Jahre befasst sich auch die ICAO mit der Entwicklung. in Nach den Terrorangriffen 2001 forderten Die USA weltweit eine Einführung von biometrischen Pässe. Zu den hinterlegten Daten zählen eine digitale Gesichtsaufnahme und Fingerabdrücke, es können Irisscans dazugehören. Ziel der biometrischen Pässe ist eine weltweite Verwendbarkeit und Lesbarkeit, technische Zuverlässigkeit und Praktikabilität. Zentrales Merkmal soll zudem die hohe Fälschungssicherheit des Reisepasses sein.

Nicola von Velsen

PASSPORT
UNITED REPUBLIC OF TANZANIA
Republic of ZAMBIA
REPUBLIC OF NAMIBIA
ZIMBABWE
SOUTH AFRICA
KINGDOM OF LESOTHO
REPUBLIC OF SIERRA LEONE
BURKINA FASO
REPUBLIC OF GHANA
REPUBLIC OF THE GAMBIA
REPUBLIQUE GABONAISE
TÜRKMENISTAN
PASPORT
PAKISTAN
SOLOMON ISLANDS
MEXICO
PASAPORTE

PASAPORTE
REPÚBLICA DOMINICANA
Republic of UGANDA
PASSPORT
REPUBLIC OF MALAWI
PASSPORT
REPUBLIC OF BOTSWANA
PASSPORT
ШИНОСНОМА

Und ohne Reisepass?

Als die westlichen Sportverbände die Olympischen Sommerspiele von Moskau 1980 boykottierten – zum Protest gegen den Einmarsch der Sowjetunion in Afghanistan – wollten einige Sportler aus Deutschland dennoch reisen, auf eigene Kosten und gewissermaßen als Privatpersonen. Schließlich hatten sie viel trainiert – und mit Politik nichts am Hut. Da geschah etwas sehr Seltenes – und Seltsames: Der damalige Bundeskanzler Helmut Schmidt drohte den Betroffenen an, ihre Reisepässe einziehen zu lassen und sie so an der Reise nach Moskau zu hindern. Fast ungläubig fragten sich viele, ob der Kanzler das denn dürfe (– er durfte!), und grübelten dann über den Hinweis: „Dieser Reisepass ist Eigentum der Bundesrepublik Deutschland".

Das ist nur ein Beispiel, und zudem ein eher harmloses, dafür, wie lebenswichtig staatliche Reisedokumente für die einzelnen Menschen sind. Viele der Flüchtlinge, die aus den Kriegs- und Krisengebieten dieser Welt in EU-Ländern ankommen, tragen keine Pässe oder andere Dokumente für den Selbstausweis bei sich, und gerade das rettet manche von ihnen vor der sofortigen Abschiebung zurück in die Heimatstaaten. Eine moderne staatliche Bürokratie ist da oft nur wenig geschmeidiger als zu Zeiten feudaler Herrschaft: Überquerte man damals nur mit dem Einverständnis des Landesherrn eine Grenze, so tut man es heute nur dann, wenn die Asylbestimmungen des Gastlandes es ermöglichen.

Eine kurze Geschichte des Reisepasses

Seine Wurzeln hat das „Passwesen" schon im Mittelalter, als kaiserliche Papiere Reisende im Reich der Franken dazu privilegierten, Quartier und Verpflegung zu bekommen. Damals galt das Reisen während der Nacht vielerorts als lebensgefährlich, und eine Herberge war somit die Garantie für die Fortsetzung der Reise.

Eine Ironie der Geschichte: In der Folge der Französischen Revolution soll König Ludwig XVI. 1791 versucht haben, als Kammerdiener verkleidet Frankreich zu verlassen. Daraufhin schloss die Revolutionsregierung die Landesgrenzen. Von diesem Zeitpunkt an hatten sehr viel genauere Angaben zur Person in den Passpapieren zu stehen. Andererseits gilt auch die Reisefreiheit als eine Errungenschaft der Großen Revolution in Frankreich.

Pässe, Visa und Ausreisepapiere haben schon viele Leben gerettet. Russen, die vor der bolschewistischen Revolution flohen, galten so lange als „staatenlos", bis sie einen „Nansenpass“ erhielten. Dieses Dokument, das später noch weiteren Flüchtlingsgruppen aus anderen Staaten zu Gute kam, füllte der Staat aus, der den Flüchtling aufnahm. Von diesem Zeitpunkt an galt das Dokument für ein Jahr und musste dann erneuert werden. Der Besitzer hatte das Recht, in den ausstellenden Staat zurückzukehren. Vor dem Hintergrund eines Europa mit Hitler-Deutschland, der stalinistischen Sowjetunion und dem faschistischen Italien ermisst man die Bedeutung des oft als „Nonsenspass“ verlachten Ausweises. Denn seine Gültigkeit hing davon ab, ob und welche anderen Staaten ihn anerkannten – und das waren bis zuletzt nur 53.

Mit dem Wegfall des Eisernen Vorhangs wurde die Reisefreiheit weltweit größer. Aber das heißt nicht, dass alle Erdenbürger und Passinhaber die gleichen Rechte genießen. Noch lange nicht.

Das mag im Grenz- und Geschäftsverkehr unter EU-Partnern der Fall sein. Aber die hier in Europa erreichten, und oft kaum begriffenen bürokratischen Erleichterungen sind schon dahin, sobald man einen Fuß außerhalb der Staatengemeinschaft aufsetzt.

Philipp Hontschik

No
ame

rd-
rika

Kanada

★ Ottawa

Föderale parlamentarische Monarchie

35.850.000

9.984.700 km²

4

BNE 47.540 $

BIP 1.550,5 Mrd. $

S Englisch, Französisch

6 / 155

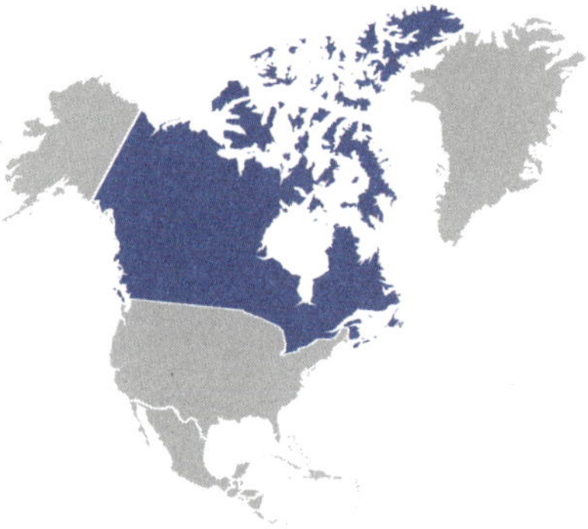

Fast alle Bürger dieses zweitgrößten Landes der Erde – ob anglofon, ob frankofon – wohnen nahe der südlichen Grenze. Im Norden liegt vor allem Natur: je nördlicher, desto unwirtlicher.

CANADA
A MARI USQUE AD MARE
PASSPORT
PASSEPORT

Vereinigte Staaten von Amerika

★ Washington

Präsidiale Bundesrepublik

321.420.000

9.826.700 km²

33

BNE 55.980 $

BIP 18.036,7 Mrd. $

S Englisch, Spanisch (regional)

4 / 157

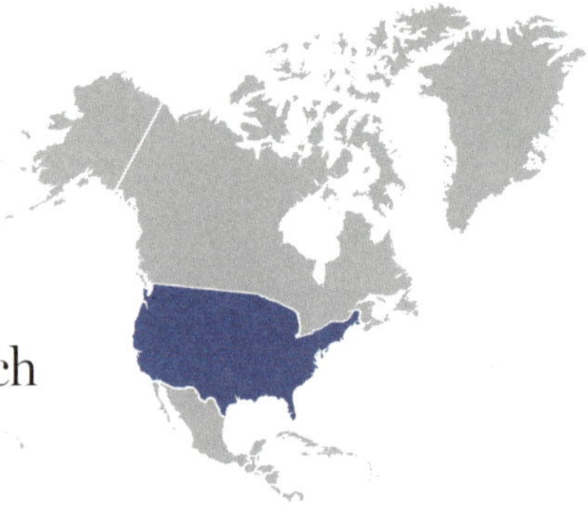

Teilt mit Kanada die weltlängste Grenze (8.891 km) zweier Staaten und liegt wie ein riesiger Doppelwhopper zwischen Kanada oben und Mexiko unten. Weltweit größtes BIP. Führende Kultur- und Militärmacht des „freien Westens“.

PASSPORT
E PLURIBUS UNUM
United States
of America

Mexiko
Vereinigte Mexikanische Staaten

★ Mexiko-Stadt

Präsidiale laizistische Bundesrepublik

127.020.000

1.964.400 km²

65

BNE 9.710 $

BIP 1.143,8 Mrd. $

S Spanisch

↑ 24 / 130

Gilt vielen Gringos als südamerikanisch, weil spanischsprachig, dabei ist's eindeutig Nordamerika, und nicht zu wenig davon! Ra! Ra! Ra! Nur hier gibt es authentisch mexikanische Küche. Forget Tex-Mex!

MEXICO
ESTADOS UNIDOS MEXICANOS
PASAPORTE

Guatemala
Republik Guatemala

★ Guatemala-Stadt

Präsidialrepublik

16.340.000

108.900 km²

150

BNE 3.590 $

BIP 63,8 Mrd. $

S Spanisch

↑ 39 / 110

Reste vorkolumbianischer Geschichte in teils unentdeckten Maya-Ruinenstädten; 35 % der Landesfläche bewaldet; davon die größere Hälfte geschützt; bis 1944 Intensivanbau (Kaffee, Bananen) durch „United Fruit Company“ (USA), Todesstrafe gilt, zuletzt verhängt 2000.

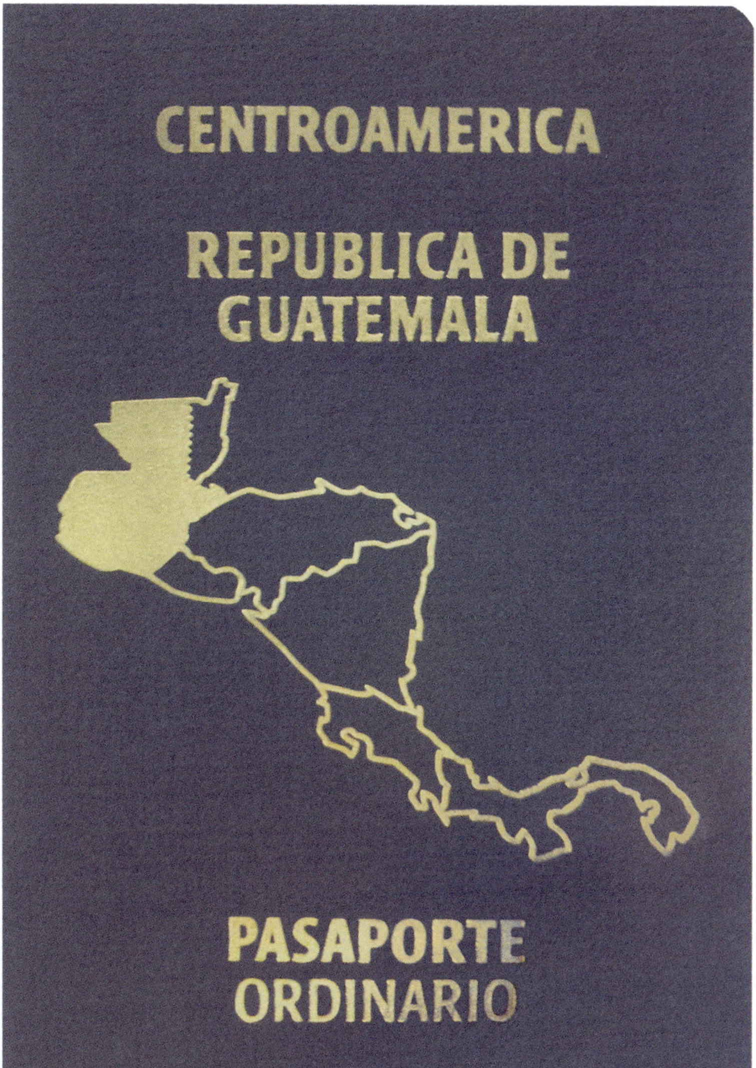
CENTROAMERICA
REPUBLICA DE GUATEMALA
PASAPORTE ORDINARIO

Belize

★ Belmopan

Parlamentarische Monarchie im Commonwealth

360.000

23.000 km²

16

BNE 4.490 $

BIP 1,8 Mrd. $

S Englisch

50 / 84

Einzig hier in Mittelamerika ist Englisch Amtssprache, zugleich einziger mittelamerikanischer Staat ohne Pazifikzugang. Jeder dritte Bürger hat afrikanische Vorfahren. Einfluss der Maya-Kultur, vorgelagert viele Korallenriffe, überaus reiche Pflanzenwelt.

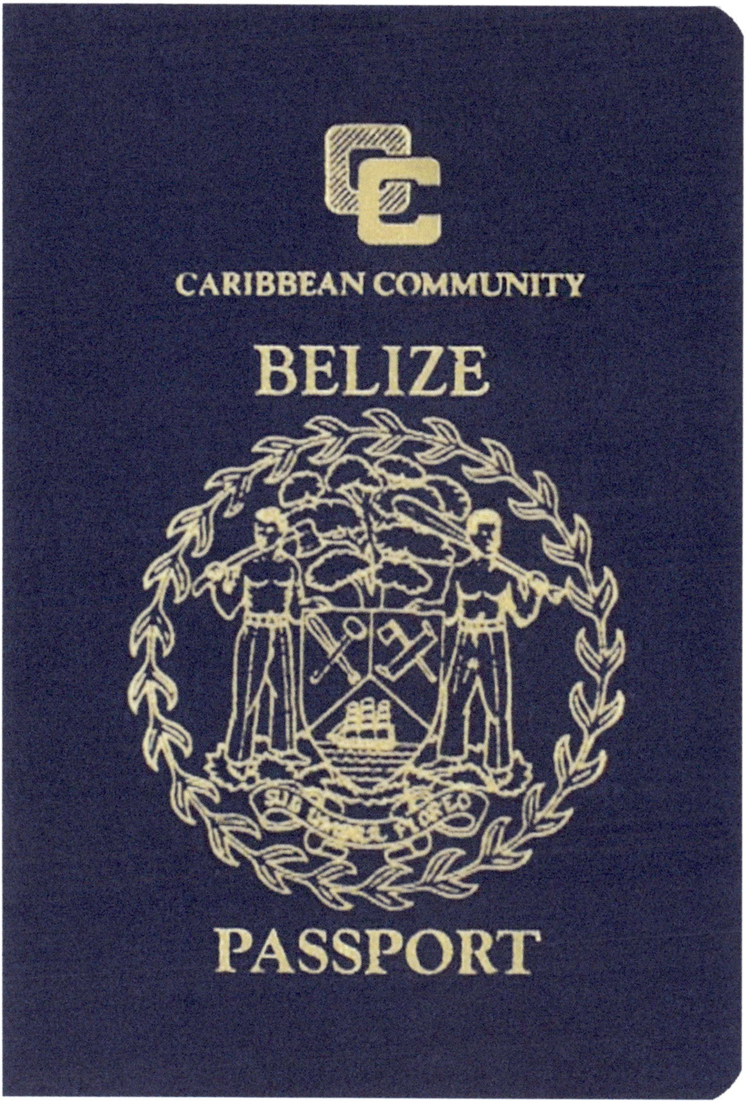
CARIBBEAN COMMUNITY
BELIZE
SUB UMBRA FLOREO
PASSPORT

El Salvador
Republik El Salvador

★ San Salvador

Präsidialrepublik, Parlamentarische Demokratie

6.130.000

21.000 km²

292

BNE 3.940 $

BIP 25,9 Mrd. $

S Spanisch

↑ 36 / 113

In der Qualifikation zur Fußball-WM 1970 kam es beim Spiel gegen Honduras zu Ausschreitungen mit Todesopfern (viertägiger „Fußballkrieg“). Der Konflikt hatte sich daran entzündet, dass viele Salvadorianer illegal nach Honduras eingewandert waren und dort das Land von Großgrundbesitzern besetzt hatten.

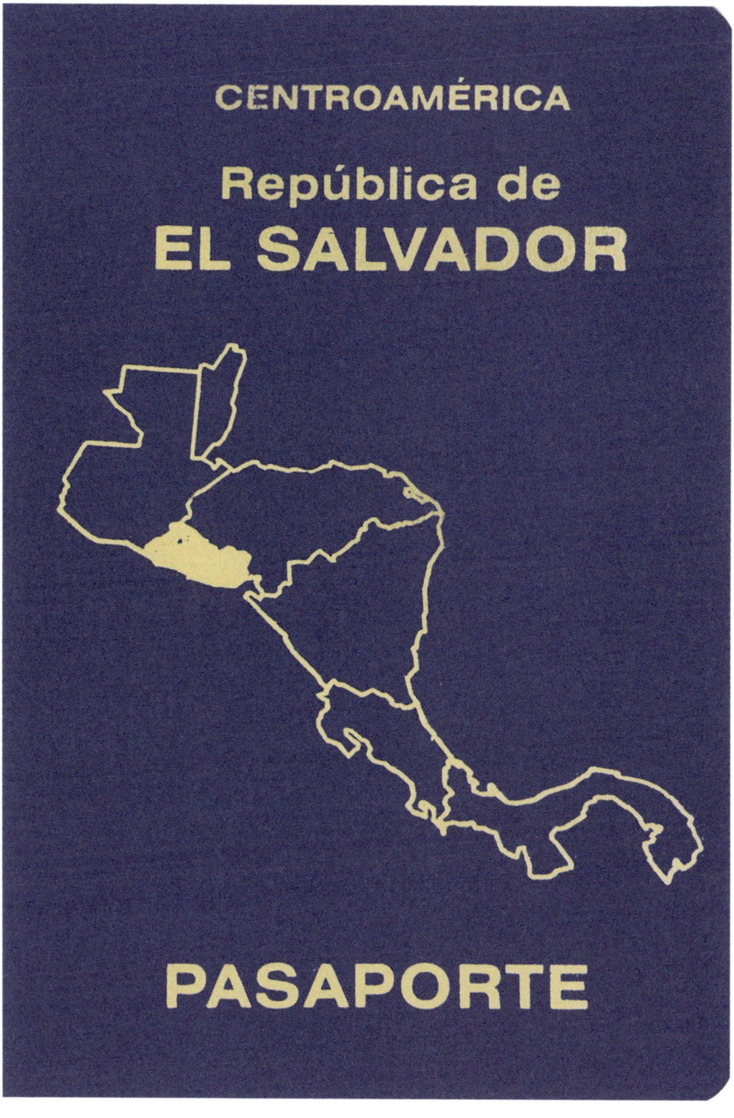
CENTROAMÉRICA
República de
EL SALVADOR
PASAPORTE

Honduras
Republik Honduras

★ Tegucigalpa
🏛 Präsidialrepublik, Demokratie

8.080.000
112.500 km²
72
BNE 2280 $
BIP 20,4 Mrd. $
S Spanisch
↑ 37 / 112

Fast zur Hälfte mit Wald bedeckter Staat auf der breitesten Stelle der „mittelamerikanischen Brücke“ zwischen den Halberdteilen. 10 % des Bodens stehen unter Naturschutz; kleine Gruppen von Ureinwohnern leben in schwer zugänglichen Regionen.

CENTROAMERICA
República de
HONDURAS
PASAPORTE

Nicaragua
Republik Nicaragua

★ Managua
Präsidialrepublik

6.080.000
130.700 km²
47
BNE 1.920 $
BIP 12,7 Mrd. $
S Spanisch
↑ 43 / 104

Atlantik- und Pazifikküste, letztere aktiv vulkanisch; Ende der 1970er-Jahre fiel das US-nahe Somoza-Regime; heute – nach Erfolgen in den Bereichen Bildung und Ernährung – greifen die einstigen Revolutionäre selbst zu undemokratischen Mitteln; Hauptethnie Mestizen.

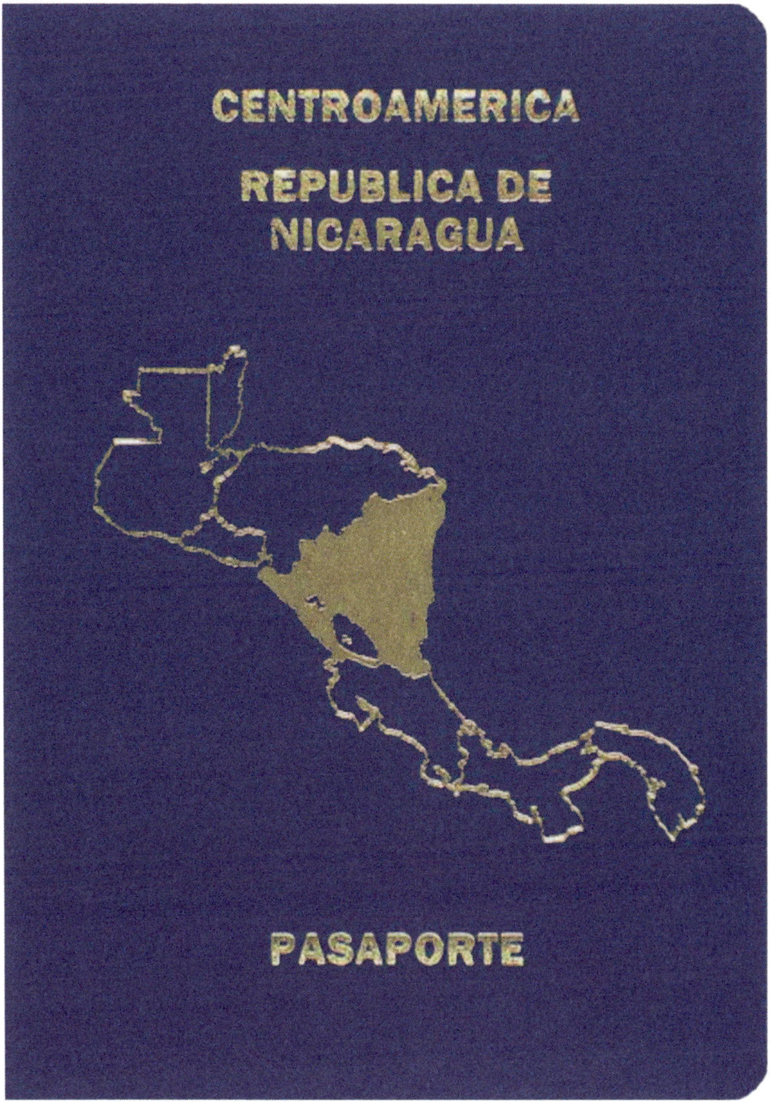
CENTROAMERICA
REPUBLICA DE
NICARAGUA
PASAPORTE

Costa Rica
Republik Costa Rica

★ San José

Präsidialrepublik, Demokratie

4.810.000

51.100 km^2

94

BNE 10400 $

BIP 54,1 Mrd. $

S Spanisch

↑ 30 / 122

Liegt zwischen Nicaragua und Panama, Pazifik und der Karibik, auch die „Schweiz Mittelamerikas" genannt. Seit 1950 stabile Demokratie, fortschrittlich: regenerative Energiewirtschaft, Öko-Tourismus; außenpolitisch neutral, aber hohe Verbrechensrate.

REPUBLICA
DE
COSTA RICA
AMERICA CENTRAL
PASAPORTE
PASSPORT

Panama
Republik Panama

★ Panama

Präsidialrepublik, Demokratie

3.930.000

75.500 km²

52

BNE 11.880 $

BIP 52,1 Mrd. $

S Spanisch

34 / 117

Der karibische „Kanalstaat" zwischen Costa Rica und Kolumbien; Panamakanal verbindet Atlantik mit Pazifik, erspart Schiffen den Umweg um Kap Hoorn, strategisch wichtig für die USA, 2007 erweitert und seitdem für Schiffe mit 14.000 Standardcontainern passierbar.

REPÚBLICA DE PANAMÁ
PRO MUNDI BENEFICIO
PASAPORTE
PASSPORT
PASSEPORT

Bahamas
Commonwealth der Bahamas

★ Nassau

🏛 Parlamentarische Monarchie im Commonwealth

- 390.000
- 13.900 km²
- 28
- BNE 20.740 $
- BIP 8,9 Mrd. $
- S Englisch
- ↑ 23 / 131

700 Inseln (davon nur 30 bewohnt) und 2.400 Korallenriffe im Atlantik, gehören zur Karibik bzw. zu Mittelamerika. „Steueroase"; Fischfang und spärlicher Agraranbau dienen dem Eigenbedarf; Haupterwerb Tourismus – v. a. Kreuzfahrten von Rentnern aus Florida.

PASSPORT
COMMONWEALTH
OF THE BAHAMAS

Kuba
Republik Kuba

★ Havanna

🏛 Sozialistische laizistische Republik

👥 11.390.000

▱ 110.900 km²

👥 103

BNE 5.880 $ (2011)

BIP 77,1 Mrd. $ (2013)

S Spanisch

↑ 66/60

Unter der Diktatur Bordell und Spielcasino der USA, nach 1950 sozialistisches Revolutionsregime unter Fidel Castro, eng verbunden mit UdSSR; USA unterhalten weiterhin Militärstützpunkt auf der Insel. Einnahmequellen: Tourismus, Rohrzucker, Zigarren und Rum.

REPUBLICA DE CUBA
PASAPORTE

Jamaika

★ Kingston

Parlamentarische Monarchie im Commonwealth

2.730.000

11.000 km²

248

BNE 5050 $

BIP 14,3 Mrd. $

S Englisch

51/78

Karibische Insel südlich von Kuba; Export: Bauxit, Piment, Rohrzucker, Zitrusfrüchte, Bananen, Kaffee. In der Hauptstadt Kingston leben 950.000 Bürger; Hauptreligion: „evangelikale“ Christen, bekannter: „Rastafari“, verehren verstorbenen äthiopischen Kaiser Haile Selassie.

Caribbean Community
OUT OF MANY, ONE PEOPLE
JAMAICA
PASSPORT

Haiti
Republik Haiti

★ Port-au-Prince

Präsidialrepublik

10.710.000

27.800 km²

385

BNE 810 $

BIP 8,8 Mrd. $

S Französisch, Kreolisch

72 / 54

Teilt sich mit der Dominikanischen Republik die Karibikinsel Hispaniola. Einst reichstes Land Lateinamerikas, heute Armenhaus, Erdbeben, Korruption, politische Unruhen. Seit 1990 sind drei Millionen Bürger ausgewandert – etwa zehn Millionen sind noch da.

REPUBLIQUE D'HAITI
PASSEPORT
L'UNION FAIT LA FORCE
REPIBLIK D AYITI
PASPÒ

Dominikanische Republik

★ Santo Domingo

Präsidialrepublik, Demokratie

10.530.000

48.700 km²

216

BNE 6.240 $

BIP 68,1 Mrd. $

S Spanisch

66 / 60

Beliebte Urlaubsinsel, aber auch oft von Naturkatastrophen heimgesucht, tropisches Klima, ein Drittel der Landesfläche steht unter Naturschutz, viele Einwohner sind haitianischer Abstammung, 70 % sind Nachfahren von Sklaven aus Afrika.

PASAPORTE
DIOS
PATRIA
LIBERTAD
REPUBLICA DOMINICANA
REPÚBLICA
DOMINICANA

St. Kitts und Nevis
Föderation St. Kitts und Nevis

★ Basseterre

Parlamentarische Monarchie im Commonwealth

60.000

270 km²

222

BNE 15.060 $

BIP 0,9 Mrd. $

S Englisch

↑ 28 / 125

Unter den 12 kleinsten Staaten der Welt, gehört zu den „Kleinen Antilleninseln", den UN und dem Commonwealth; Tropenklima wird durch Passatwinde gemildert; neben Englisch kreolische Dialekte; mehrheitlich christlich-anglikanisch.

CARIBBEAN COMMUNITY
COUNTRY ABOVE SELF
ST. CHRISTOPHER (ST. KITTS) AND NEVIS
PASSPORT

Antigua und Barbuda

★ St. John's

Konstitutionelle Monarchie im Commonwealth, Parlamentarische Demokratie

- 90.000
- 440 km²
- 205
- BNE 13.270 $
- BIP 1,3 Mrd. $
- S Englisch
- 27 / 126

Unabhängiger Commonwealth-Staat aus zwei Inseln zwischen Nordatlantik und Karibik, seit 10.000 v. Chr. besiedelt durch Siboney-Indianer. 1493 landete Kolumbus auf Antigua, danach: Sklaveninseln; Schiffsflagge gilt als Billigflagge für Reedereien.

CARIBBEAN COMMUNITY
EACH ENDEAVOURING, ALL ACHIEVING
ANTIGUA AND BARBUDA
PASSPORT

Dominica
Commonwealth Dominica

★ Roseau

Republik im Commonwealth, Parlamentarische Demokratie

70.000

750 km²

93

BNE 6.800 $

BIP 0,5 Mrd. $

S Englisch

↑ 36 / 113

In Dominica leben ungewöhnlich viele Menschen im Alter von über 100 Jahren (Quote 1 zu 3.450, vgl. Deutschland Quote 1 zu 12.200), selten für wenig entwickelte Regionen; Ursache nicht geklärt.

Caribbean Community
APRES BONDIE C'EST LA TER
COMMONWEALTH OF
DOMINICA
PASSPORT

St. Lucia

★ Castries

Parlamentarische Monarchie im Commonwealth

190.000

620 km²

306

BNE 7.350 $

BIP 1,4 Mrd. $

S Englisch

↑ 32 / 120

Westindische Insel, heutige Bevölkerung stammt von Schwarzafrikanern ab, die zu Kolonialzeiten als Sklaven hierher verschleppt wurden. Entdeckt von Kolumbus auf seiner dritten Reise, um 1500; bis Mitte des 20. Jh. Zuckerinsel, dann Bananeninsel.

CC
Caribbean Community
SAINT LUCIA
PASSPORT

St. Vincent und die Grenadinen

★ Kingstown

🏛 Parlamentarische Monarchie im Commonwealth

- 110.000
- 390 km²
- 282
- BNE 6.630 $
- BIP 7 Mrd. $
- S Englisch
- ↑ 30 / 122

Westindische Karibikinsel (St. Vincent) und 32 der nördlichen „Grenadinen"; Kolonialherren schufen auf Grundlage der Sklaverei Zuckerrohrplantagen. „Bounty"-Kommandant Bligh brachte Brotfrucht wegen Bevölkerungswachstums; Filmset für „Fluch der Karibik".

CARIBBEAN COMMUNITY
PAX ET JUSTITIA
ST. VINCENT AND THE GRENADINES
PASSPORT
PASAPORTE
PASSEPORT

Grenada

★ Saint George's

Parlamentarische Monarchie im Commonwealth, Demokratie

110.000

350 km²

314

BNE 8.650 $

BIP 1 Mrd. $

S Englisch

↑ 34 / 117

Hauptinsel Grenada und weitere Inseln der „Grenadinen"; 1983 intervenierten USA militärisch gegen Protest der UN, GBs und Kanadas; Begründung u.a. „Sicherheit der US-Bürger auf der Insel" (Studenten); glaubhafter: Furcht, Einfluss in Karibik zu verlieren.

GRENADA
EVER CONSCIOUS OF GOD WE ASPIRE, BUILD AND ADVANCE
PASSPORT

Barbados

★ Bridgetown

🏛 Parlamentarische Monarchie im Commonwealth

👥 280.000

▱ 430 km²

👥 651

BNE 14.510 $

BIP 4,4 Mrd. $

S Englisch

↑ 21 / 134

EU stuft Barbados als „Steueroase“ ein, einst Zucker, Rum, Sirup, heute Tourismus und Erdölförderung; drittältestes Parlament im Commonwealth. 1652 sicherte London mit „Charter of Barbados“ Glaubensfreiheit zu, Rechtsstaatlichkeit und Unabhängigkeit.

CARIBBEAN COMMUNITY
BARBADOS
PRIDE
AND
INDUSTRY
PASSPORT

Sü

ame

d-

rika

Kolumbien
Republik Kolumbien

★ Bogotá

Präsidialrepublik, Demokratie

48.230.000

1.141.700 km²

42

BNE 7.140 $

BIP 292,1 Mrd. $

S Spanisch

42 / 105

Karibische wie pazifische Küsten, Anteile an Anden und Amazonien; Hauptstadt Bogotá und Medellín von Drogenkartellen und dem Kampf gegen sie jahrelang destabilisiert; zusätzlich Rebellengruppen (FARC), jüngst Fortschritte bei Befriedung und Armutsbekämpfung.

REPUBLICA DE COLOMBIA
PASAPORTE
PASSPORT - PASSEPORT

Venezuela
Bolivarische Republik Venezuela

★ Caracas

Präsidiale Bundesrepublik

31.110.000

912.000 km²

34

BNE 11.780 $ (2013)

BIP 371,3 Mrd. $ (2013)

S Spanisch + 31 Regionalsprachen

↑ 31 / 121

Erdölindustrie größter Arbeitgeber, politisch unsicher, Demokratiebewegungen werden erbittert bekämpft. 2.800 Kilometer Küste, viel Fischfang, 40 % der Fläche bewaldet, aber schwer zugänglich, wenig genutzt; bäuerlicher Haupterwerb: Viehzucht.

MERCOSUR
REPÚBLICA BOLIVARIANA
DE VENEZUELA
19 DE ABRIL DE 1810
20 DE FEBRERO DE 1859
INDEPENDENCIA
FEDERACIÓN
REPÚBLICA BOLIVARIANA DE VENEZUELA
PASAPORTE
PASSPORT

Trinidad und Tobago
Republik Trinidad und Tobago

- ★ Port of Spain
- Parlamentarische Demokratie im Commonwealth

- 1.360.000
- 5130 km²
- 265
- BNE 17.640 $
- BIP 23,6 Mrd. $
- S Englisch
- ↑ 29 / 123

Die Bezeichnung „Trinidad“ (*Dreifaltigkeit*) geht auf Kolumbus zurück, Tobago wohl auf das spanische Wort für „Tabak“. Überreiche karibische Biodiversität, ein Nationalpark, fünf Schutzgebiete; indigene Indianer Arawak um 1800 ausgestorben, lange Zeit Sklaven- und Plantageninsel.

CARIBBEAN COMMUNITY
TOGETHER WE ASPIRE
TOGETHER WE ACHIEVE
REPUBLIC OF
TRINIDAD AND TOBAGO
PASSPORT

Guyana
Kooperative Republik Guyana

★ Georgetown

Präsidialrepublik im Commonwealth, Demokratie

770.000

215.000 km²

4

BNE 4.090 $

BIP 3,2 Mrd. $

S Englisch

↑ 52 / 76

Name vom Gebirge an den Grenzen zu Venezuela und Brasilien; Anbau: Reis, Zucker, Kokosnuss, Zitrusfrüchte; 70 % der Bevölkerung leben in einem Gebiet, das von einem Anstieg der Meeresspiegel stark betroffen wäre; mehrheitlich christlich, indigene Völker im Hochland mit eigenen Religionen.

Caribbean Community
REPUBLIC OF GUYANA
PASSPORT

Suriname
Republik Suriname

★ Paramaribo

Präsidialrepublik

540.000

163.800 km²

3

BNE 9.360 $

BIP 5,2 Mrd. $

S Niederländisch

↑ 57/69

Kleinster Staat Südamerikas an der nordöstlichen Atlantikküste. Geriet um 1700 unter holländische Herrschaft, unterhielt nach der Unabhängigkeit 1975 enge Verbindungen zur früheren Kolonialmacht; Niederländisch weiterhin Verkehrssprache.

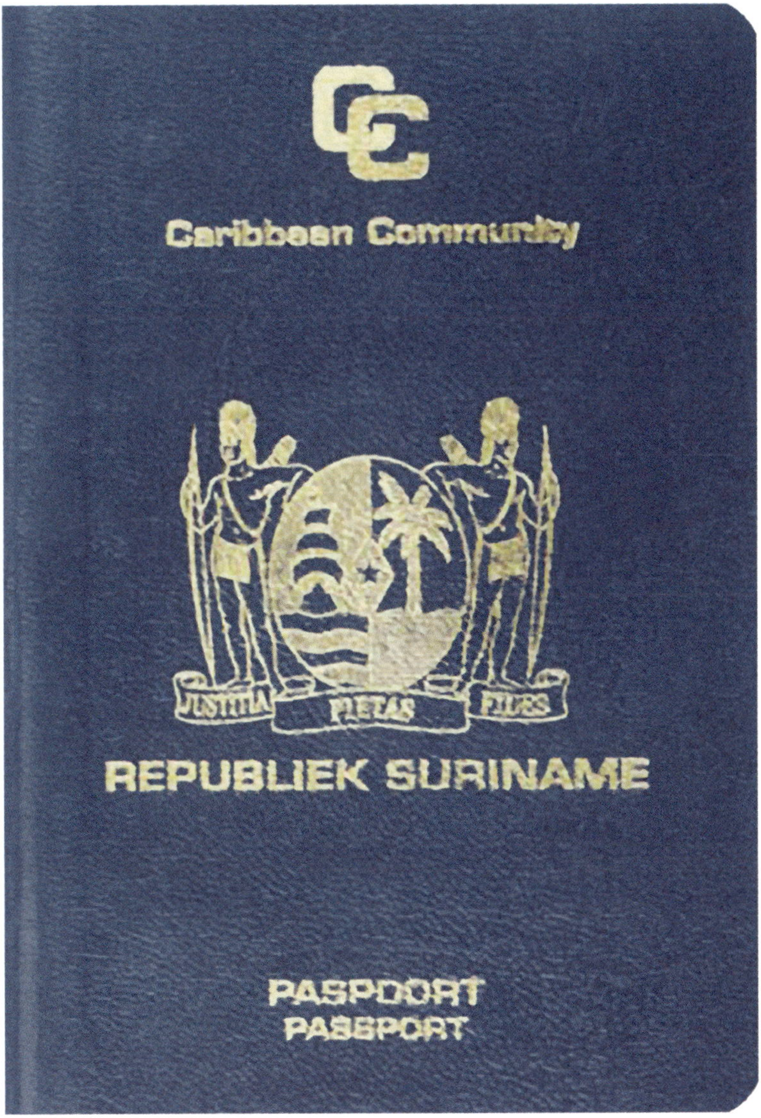
Caribbean Community
JUSTITIA PIETAS FIDES
REPUBLIEK SURINAME
PASPOORT
PASSPORT

Ecuador
Republik Ecuador

★ Quito

Laizistische Präsidialrepublik, Demokratie

16.140.000

256.400 km²

63

BNE 6.030 $

BIP 100,2 Mrd. $

S Spanisch + Regionalsprachen

↑ 52 / 76

Quito liegt auf 2.850 m Höhe (Anden); größte Stadt Guayaquil in der Ebene an der Pazifikküste. Durchquert von Äquatorlinie, daher der Name. Galápagos-Inseln um 1.000 km vor der Pazifikküste; Erdöl- und Blumenindustrie, große soziale Ungleichheit.

COMUNIDAD ANDINA
REPUBLICA DEL ECUADOR
PASAPORTE
PASSPORT
PASSEPORT

Peru
Republik Peru

★ Lima

Präsidialrepublik

31.380.000

1.285.200 km²

24

BNE 6.130 $

BIP 189,1 Mrd. $

S Spanisch +
37 Regionalsprachen

↑ 32 / 120

Die Kartoffel-Genbank in der Hauptstadt Lima nennt 4.000 angebaute Sorten. Inka-Ruinenstadt Machu Picchu ist wichtigstes Reiseziel Südamerikas, viel wilde Natur, Amazonas und Nebenflüsse, Titicacasee; große Schattenwirtschaft. Meerschweinchen ist integraler Bestandteil der Speisekarte.

COMUNIDAD
ANDINA
REPÚBLICA
DEL PERÚ
PASAPORTE
PASSPORT

Brasilien
Föderative Republik Brasilien

★ Brasilia

🏛 Präsidiale Bundesrepublik

207.850.000

8.547.400 km²

24

BNE 9.850 $

BIP 1774,7 Mrd. $

S Portugiesisch

↑ 15 / 144

Größter Flächenstaat Südamerikas, fünftgrößtes Land der Welt, Megacities mit ausgedehnten Slums, Fußball-Großmacht mit fünf WM-Titeln. Wirtschaftlich ungleich: einige Regionen auf EU-Standard, andere weit unter der Armutsgrenze.

REPÚBLICA
FEDERATIVA DO
BRASIL
PASSAPORTE
MERCOSUL

Bolivien
Plurinationaler Staat Bolivien

★ Sucre

Präsidialrepublik

10.730.000

1.098.600 km²

10

BNE 3.000 $

BIP 33 Mrd. $

S Spanisch + 36 Regionalsprachen

↑ 58 / 68

„Multinational", 37 (!) Amtssprachen, Hälfte der Einwohner indigen, die meisten leben im Hochland; 30 % sind Mestizen, der Rest weiße Einwanderer, Anteil am Titicacasee; benannt nach Simón Bolívar, der 1825 Unabhängigkeit erkämpfte.

COMUNIDAD ANDINA
ESTADO
PLURINACIONAL DE
BOLIVIA
PASAPORTE
PASSPORT

Paraguay
Republik Paraguay

★ Asunción

Präsidialrepublik

6.640.000

406.800 km²

16

BNE 4.190 $

BIP 27,1 Mrd. $

S Guaraní, Spanisch

34 / 117

Nicht Spanisch, sondern Guaraní ist die stärkste Sprachgruppe; Einwanderung aus Brasilien und Argentinien. Unter dem deutschstämmigen Diktator Stroessner (1954–89) auch viele deutsche Einwanderer. Heute „halbfreies“ Land.

REPÚBLICA DEL PARAGUAY
REPÚBLICA DEL PARAGUAY
PASAPORTE

Chile
Republik Chile

★ Santiago de Chile

Republik, Präsidialdemokratie

17.950.000

756.100 km²

24

BNE 14.100 $

BIP 240,8 Mrd. $

S Spanisch

↑ 17 / 141

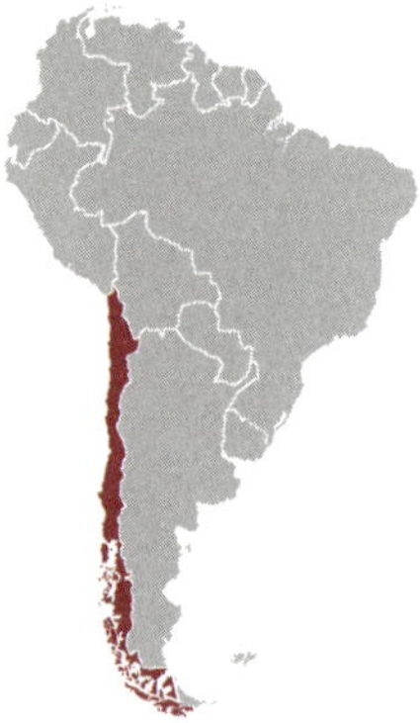

Erstreckt sich entlang der Pazifikküste des „südamerikanischen Südkegels"; über Kap Hoorn Zugang zum Atlantik. Präsident Allende (ab 1970) durch blutigen Putsch der Pinochet-Junta gestürzt, dann Diktatur, Aufarbeitung hält an, heute funktionierende Präsidialdemokratie.

REPÚBLICA DE CHILE
POR LA RAZÓN O LA FUERZA
PASAPORTE
PASSPORT

Argentinien
Argentinische Republik

★ Buenos Aires

Bundesrepublik, Präsidialdemokratie

43.420.000

2.780.400 km²

16

BNE 12.460 $

BIP 583,2 Mrd. $

S Spanisch

↑ 16 / 142

Ausgedehntes Flächenland (Pampas), im Süden dünn besiedelt, jeder dritte Einwohner lebt in der Metropolregion Buenos Aires. Typischer Einwanderstaat mit vielen fremdstämmigen Minderheiten (Italiener, Deutsche ...) und Sprachinseln, viel Rinderzucht.

MERCOSUR
REPUBLICA
ARGENTINA
PASAPORTE

Uruguay
Republik Östlich des Uruguay

- Montevideo
- Laizistische Präsidialrepublik

- 3.430.000
- 176.200 km²
- 19
- BNE 15.720 $
- BIP 53,4 Mrd. $
- S Spanisch
- 25 / 129

Montevideo liegt gute zwei Schiffstunden – über den Rio de la Plata – gegenüber von Buenos Aires. Uruguay gilt als europäischstes Land Lateinamerikas, 1930 (erste WM) und 1950 Fußball-Weltmeister; Anteile an der Pampa als Rinder-Weideland.

Mercosur
República Oriental
del Uruguay
Pasaporte

Eur

opa

Island
Republik Island

★ Reykjavik

Republik, Parlamentarische Demokratie

330.000

103.000 km²

3

BNE 50.140 $

BIP 16,6 Mrd. $

S Isländisch

7/154

„Land aus Feuer und Eis" im Nordatlantik; Vulkanismus beschert natürliche Wasserheizung für alle. Dünn besiedelt, etwa so viele Einwohner wie Malta; die Hauptinsel ist die größte Vulkaninsel der Welt.

ÍSLAND
ICELAND
ISLANDE
VEGABRÉF
PASSPORT
PASSEPORT

Norwegen
Königreich Norwegen

★ Oslo

🏛 Konstitutionelle Monarchie

5.200.000

$323.800\ km^2$
(ohne Außengebiete)

16

BNE 93.740 $

BIP 386,6 Mrd. $

S Norwegisch

↑ 3 / 158

Atemberaubende Fjorde, tief in die Felsküste gegraben, und riesige Wälder, dünn besiedelt, kein EU-Mitglied, sein Reichtum verdankt sich den Erdölvorkommen vor der Küste. Sympathische Menschen, Königshaus miteingeschlossen. Sehr teuer.

NORGE NOREG
NORWAY
PASS
PASSPORT

Schweden
Königreich Schweden

★ Stockholm

Parlamentarische Monarchie, Demokratie

9.800.000

450.000 km²

22

BNE 57.920 $

BIP 495,6 Mrd. $

S Schwedisch

↑ 2 / 159

Sozialdemokratisches Sehnsuchtsland mit hohen Steuern, für die der Bürger aber Einiges bekommt – etwa Ausbildung und Gesundheitsversorgung. Traditionelle „Konsensgesellschaft", die auch die demokratische Minderheit achtet. In der EU, hat aber nicht den Euro.

EUROPEISKA UNIONEN
SVERIGE
PASS

Finnland
Republik Finnland

Helsinki

Republik, Parlamentarische Demokratie

5.480.000

338.400 km²

16

BNE 46.550 $

BIP 232 Mrd. $

S Finnisch, Schwedisch

3 / 158

Wälder, Seen und Saunen. Wie Schweden und Norwegen dünn besiedelt. Eher noch dünner. Begeisterung für Eishockey und sämtliche anderen Wintersportarten; Finnisch bildet mit Ungarisch eine Sprachfamilie.

Euroopan unioni
Europeiska unionen
Suomi • Finland
Passi • Pass

Irland

★ Dublin

Republik, Parlamentarische Demokratie

4.640.000

70.300 km²

66

BNE 52.580 $

BIP 283,7 Mrd. $

S Englisch, Irisch

↑ 5/156

Die „grüne“ Insel aus Schafweiden und Steinmauern, torfigem Whiskey und „Guiness“-Bier. Tief katholisch bis rückständig. Daher im britischen Nordteil jahrzehntelanger Bürgerkrieg. Sangesfrohe Auswanderernation. Erst seit der EU nicht mehr bettelarm.

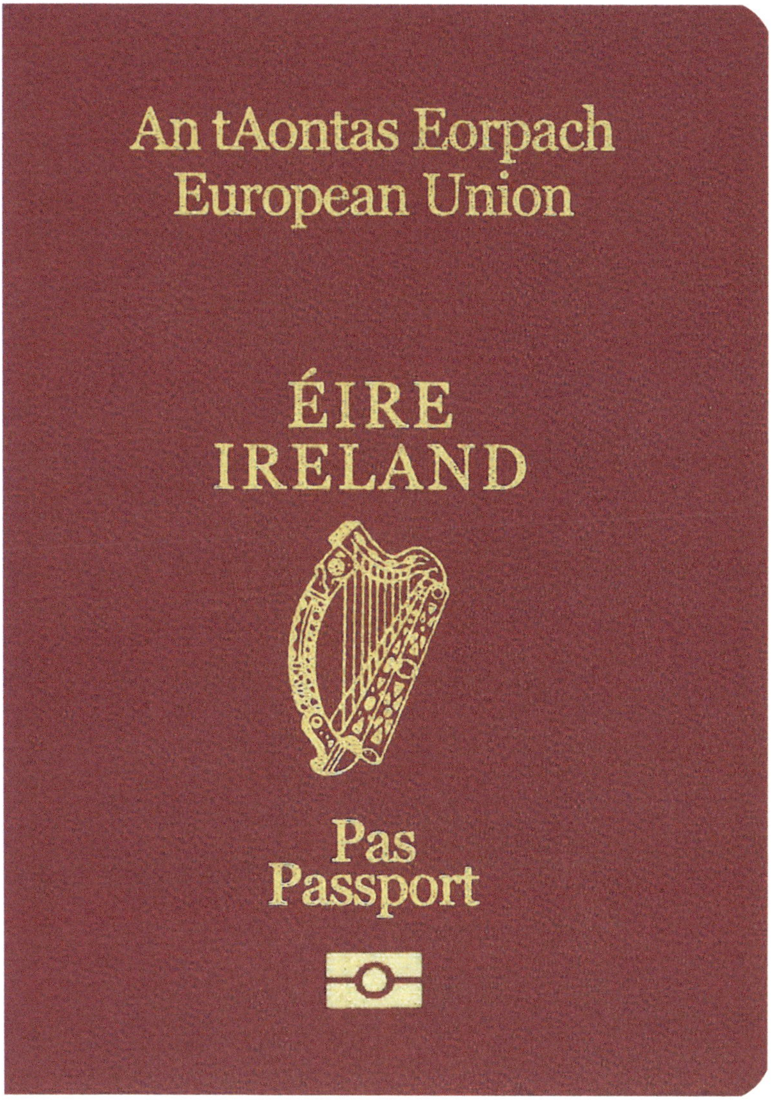
An tAontas Eorpach
European Union
ÉIRE
IRELAND
Pas
Passport

Großbritannien
Vereinigtes Königreich
Großbritannien und Nordirland

★ London

🏛 Parlamentarische Monarchie
im Commonwealth

65.140.000

242.900 km²
(ohne Überseegebiete)

268

BNE 43.390 $

BIP 2.858 Mrd. $

S Englisch

↑ 3 / 158

Rest eines früheren Weltreichs; England, Schottland, Wales und Nordirland werden von London aus regiert, der schicksten Stadt auf Erden; die Queen ist symbolisches Oberhaupt der eigenen „anglikanischen“ Kirche sowie des „Commonwealth of Nations“. Brauchen die EU nicht mehr, meint die Mehrheit der Bürger.

EUROPEAN UNION
UNITED KINGDOM OF
GREAT BRITAIN
AND NORTHERN IRELAND
HONI SOIT QUI MAL Y PENSE
DIEU ET MON DROIT
PASSPORT

Dänemark
Königreich Dänemark

★ Kopenhagen

Konstitutionelle Monarchie, Parlamentarische Demokratie

5.680.000

43.100 km²
(ohne Färöer und Grönland)

132

BNE 58.550 $

BIP 295,1 Mrd. $

S Dänisch

↑ 3 / 158

Jenes winzige Nachbarland Deutschlands, das das riesige Grönland verwaltet. Wechselt regelmäßig mit Schweden oder Norwegen den Spitzenplatz bei Umfragen zum gemeinschaftlichen Glücksgefühl; Hauptstadt Kopenhagen gilt als eine der schönsten in Europa.

DEN EUROPÆISKE UNION
DANMARK
PAS

Frankreich
Französische Republik

★ Paris

Laizistische Republik, Parlamentarische Präsidialdemokratie

66.810.000

544.000 km²
(ohne Außengebiete)

123

BNE 40.540 $

BIP 2.418,8 Mrd. $

S Französisch

↑ 3 / 158

Die „Grande Nation", die ab 1789 den Adel unter die Guillotine legte. Immer noch führendes Weinland der Welt, das alles bietet, vom Gletschereis bis zum Palmenstrand; Montanunion, später die EWG und heute die EU machten es möglich: aus den traditionell verfeindeten Franzosen und Deutschen wurden Freunde.

Union européenne
République française
RF
PASSEPORT

Belgien
Königreich Belgien

★ Brüssel

🏛 Föderale parlamentarische Monarchie

👥 11.290.000

▱ 30.500 km²

👥 370

BNE 44.250 $

BIP 455,1 Mrd. $

S Deutsch, Französisch, Niederländisch

↑ 4 / 157

Aufgeteilt zwischen Flamen und Wallonen, die einander eher argwöhnisch beäugen. Das Königshaus versucht zu verbinden. Die Hauptstadt Brüssel ist auch Sitz von EU und NATO. Man isst hier besser als in Frankreich. Sagen nicht nur die Belgier.

EUROPESE UNIE
UNION EUROPEENNE
EUROPAÏSCHE UNION
KONINKRIJK BELGIE
ROYAUME DE BELGIQUE
KÖNIGREICH BELGIEN
PASPOORT
PASSEPORT
REISEPASS

Niederlande
Königreich der Niederlande

Amsterdam

Parlamentarische Monarchie

16.940.000

41.526 km² (ohne Außengebiete)

408

BNE 48.860 $

BIP 750,3 Mrd. $

S Niederländisch, Friesisch (regional)

4 / 157

Teilweise dem Meer durch Deiche abgetrotztes Land, Amsterdams Flughafen Schiphol z. B. liegt unter dem Meeresspiegel. Früher Hort der toleranten Gesellschaft, aber seit einigen Jahren bekommen auch nationalistische Politiker Zulauf. Große Geschichte.

EUROPESE UNIE
KONINKRIJK DER NEDERLANDEN
PASPOORT
JE MAINTIENDRAI

Luxemburg
Großherzogtum Luxemburg

Luxemburg

Parlamentarische Monarchie, Demokratie

570.000

2.590 km²

220

BNE 77.000 $

BIP 57,8 Mrd. $

S Deutsch, Französisch, Luxemburgisch

4 / 157

Letztes Großherzogtum in Europa (Liechtenstein ist Fürstentum!); Haus Luxemburg-Nassau stellt Herzog, parlamentarische Demokratie; nach Malta zweitkleinster EU-Staat, wirtschaftlich bedeutender als viele größere EU-Staaten.

UNION EUROPEENNE
GRAND-DUCHE DE LUXEMBOURG
PASSEPORT

Deutschland
Bundesrepublik Deutschland

★ Berlin

Demokratisch-parlamentarischer Bundesstaat

81.410.000

357.400 km²

228

BNE 45.940 $

BIP 3.363,5 Mrd. $

S Deutsch

↑ 1/160

Nach der Hitler-Diktatur 45 Jahre lang geteilt in West (US-treu) und Ost (Moskau-treu), Frontstaat des „Kalten Kriegs“. Jetzt führende Wirtschaftsmacht der EU, Abo auf Außenhandelsüberschüsse, hat heute in der Welt wieder einen einigermaßen guten Ruf.

EUROPÄISCHE UNION
BUNDESREPUBLIK
DEUTSCHLAND
REISEPASS

Polen
Republik Polen

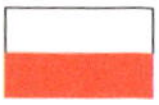

★ Warschau

Republik, Parlamentarische Demokratie

38.000.000

312.700 km²

122

BNE 13.340 $

BIP 477,1 Mrd. $

S Polnisch

↑ 10 / 151

Im 18. Jh. so oft geteilt, bis es nicht mehr da war, im 20. Jh. dann zerrieben zwischen der Sowjetunion und Hitler-Deutschland, immer schon nach West- und Mitteleuropa orientiert und tief katholisch.

RZECZPOSPOLITA
POLSKA
PASZPORT

Litauen
Republik Litauen

★ Vilnius

🏛 Republik, Parlamentarische Demokratie

2.910.000

65.300 km²

45

BNE 14.940 $

BIP 41,2 Mrd. $

S Litauisch

↑ 11 / 150

Kühlgemäßigtes Klima mit kalten Wintern und mäßig warmen Sommern, Ostsee bleibt zumeist eisfrei; Einwohnerzahl schwindet zusehends, bevorzugtes Ziel der Auswanderer: GB; Nationalsport: Basketball (Litauens Nationalteam dreifacher Europameister).

EUROPOS SĄJUNGA
LIETUVOS RESPUBLIKA
PASAS

Lettland
Republik Lettland

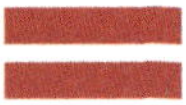

Riga

Republik, Parlamentarische Demokratie

1.980.000

64.600 km²

31

BNE 14.980 $

BIP 27 Mrd. $

S Lettisch

11 / 150

Einer der drei baltischen Staaten an der Ostsee, Hauptstadt Riga zugleich größte Stadt des Baltikums; früher Sowjetrepublik, heute EU-Mitglied als parlamentarische Demokratie. Vier Nationalparks, 12 Exemplare des europäischen Braunbären nachgewiesen.

EIROPAS SAVIENĪBA
LATVIJAS REPUBLIKA
PASE

Estland
Republik Estland

★ Tallinn

Republik, Parlamentarische Demokratie

1.310.000

45.300 km²

29

BNE 18.360 $

BIP 22,5 Mrd. $

S Estnisch

↑ 12 / 149

Über 2.000 Inseln gehören zum Staatsgebiet, und fast die Hälfte des Landes ist bewaldet. Wie das ganze Baltikum seit 2004 EU-Mitglied. Früher als Sowjetrepubliken von russischer Einwanderung unterdrückt, fürchten baltische Staaten heute russische Expansion.

EUROOPA LIIT
EESTI
PASS

Weißrussland
Republik Belarus

★ Minsk

Präsidialrepublik

9.510.000

207.600 km²

46

BNE 6.460 $

BIP 54,6 Mrd. $

S Russisch, Weißrussisch

58 / 68

Seit Unabhängigkeit von der UdSSR Diktatur unter Alexander Lukaschenko. Nationaltier Wisent; enge Beziehungen zu Venezuela seit dortigem sozialistischen Chavez-Regime bzgl. Öl, Gas.

РЭСПУБЛІКА БЕЛАРУСЬ
РЕСПУБЛИКА БЕЛАРУСЬ
REPUBLIC OF BELARUS
РЭСПУБЛІКА БЕЛАРУСЬ
ПАШПАРТ
ПАСПОРТ
PASSPORT

Tschechien
Tschechische Republik

★ Prag

Republik, Parlamentarische Demokratie

10.550.000

78.900 km²

134

BNE 18.140 $

BIP 185,2 Mrd. $

S Tschechisch

8 / 153

Hier braut man das beste Bier und trinkt pro Kopf weltweit das meiste; die kommunistische Regierung von Moskaus Gnaden wurde als Fortsetzung der Besetzung durch Nazi-Deutschland empfunden; die weitaus meisten Einwohner sind kirchenfern eingestellt.

EVROPSKÁ UNIE
ČESKÁ REPUBLIKA
CESTOVNÍ
PAS

Slowakei
Slowakische Republik

Bratislava

Republik, Parlamentarische Demokratie

5.420.000

49.000 km²

111

BNE 17.570 $

BIP 87,2 Mrd. $

S Slowakisch

11/150

Seit der friedlichen Trennung von Tschechien 1993 eigenständig. Hier lassen viele „westliche" Autobauer produzieren. Die Hauptstadt Bratislava liegt in den „Kleinkarpaten", eine gute Stunde Donauschifffahrt von Wien entfernt.

EURÓPSKA ÚNIA
SLOVENSKÁ REPUBLIKA
CESTOVNÝ PAS

Ukraine

Kiew

Präsidialrepublik

45.200.000

603.700 km²

75

BNE 2.640 $

BIP 90,6 Mrd. $

S Ukrainisch

49 / 85

Im Mittelalter war Kiew Zentrum eines bedeutenden Herrschaftsreichs, als Sowjetrepublik „Kornkammer“, seit 1991 unabhängig. Konflikt mit Moskau um Schwarzmeerhalbinsel Krim und Teile der Ostukraine; in ukrainischen Karpaten liegen die letzten Urwälder Europas.

УКРАЇНА
ПАСПОРТ
UKRAINE
PASSPORT

Schweiz
Schweizerische Eidgenossenschaft

★ Bern

Parlamentarischer Bundesstaat

8.290.000

41.300 km²

201

BNE 84.630 $

BIP 670,8 Mrd. $

S Deutsch, Französisch, Italienisch, Rätoromanisch (Rumantsch)

↑ 4 / 157

Brüssellose Insel mitten in Europa und Hüterin vieler Bankengeheimnisse, Eidgenossenschaft im Alpenidyll, viersprachig, aber trotzdem einig in der Beibehaltung des Bestehenden, berühmt für die direkte Demokratie, traditionelle Neutralität, Käse, Schokolade und hochwertige und hochpreisige Uhren.

Schweizer Pass
Passeport suisse
Passaporto svizzero
Passaport svizzer
Swiss passport

Liechtenstein
Fürstentum Liechtenstein

★ Vaduz

Parlamentarische Monarchie

40.000

160 km²

250

BNE 115.530 $ (2009)

BIP 6,7 Mrd. $ (2014)

S Deutsch

↑ 12 / 149

Herzogtum mit langer Tradition in der Finanzwirtschaft, Herzogsfamilie gilt als eines der reichsten Adelshäuser weltweit, sechstkleinster Staat der Erde zwischen Schweiz und Österreich; „konstitutionelle Erbmonarchie auf demokratischer Grundlage“. In einigen Ländern diplomatisch vertreten durch die Schweiz.

FÜRSTENTUM
LIECHTENSTEIN
REISEPASS

Österreich
Republik Österreich

★ Wien

🏛 Parlamentarisch-demokratische Bundesrepublik

👥 8.610.000

▱ 83.900 km²

👥 103

BNE 47.410 $

BIP 377 Mrd. $

S Deutsch, Kroatisch (regional), Slowenisch (regional), Ungarisch (regional)

↑ 4 / 157

Alpen- und Donaurepublik aus Restbeständen des habsburgischen Weltreichs; Skifahrernation und tief verwurzelte Musikbegeisterung, bedeutender Fremdenverkehrssektor vom Bodensee im Westen bis Wien im Osten, ausgezeichnete Küche.

EUROPÄISCHE UNION
REPUBLIK ÖSTERREICH
REISEPASS
PASSPORT

Ungarn

★ Budapest

Republik, Parlamentarische Demokratie

9.840.000

93.000 km²

106

BNE 12.980 $

BIP 121,7 Mrd. $

S Ungarisch

↑ 9 / 152

Öffnete den „Eisernen Vorhang“, weites Flachland („Puszta“), irre schwere Sprache, Urlaub am Donauknie oder Plattensee, die Hauptstadt Budapest war zweite Metropole der K.u.K.-Monarchie Österreich-Ungarn, EU-Mitglied mit derzeit stark nationalistischen Tendenzen.

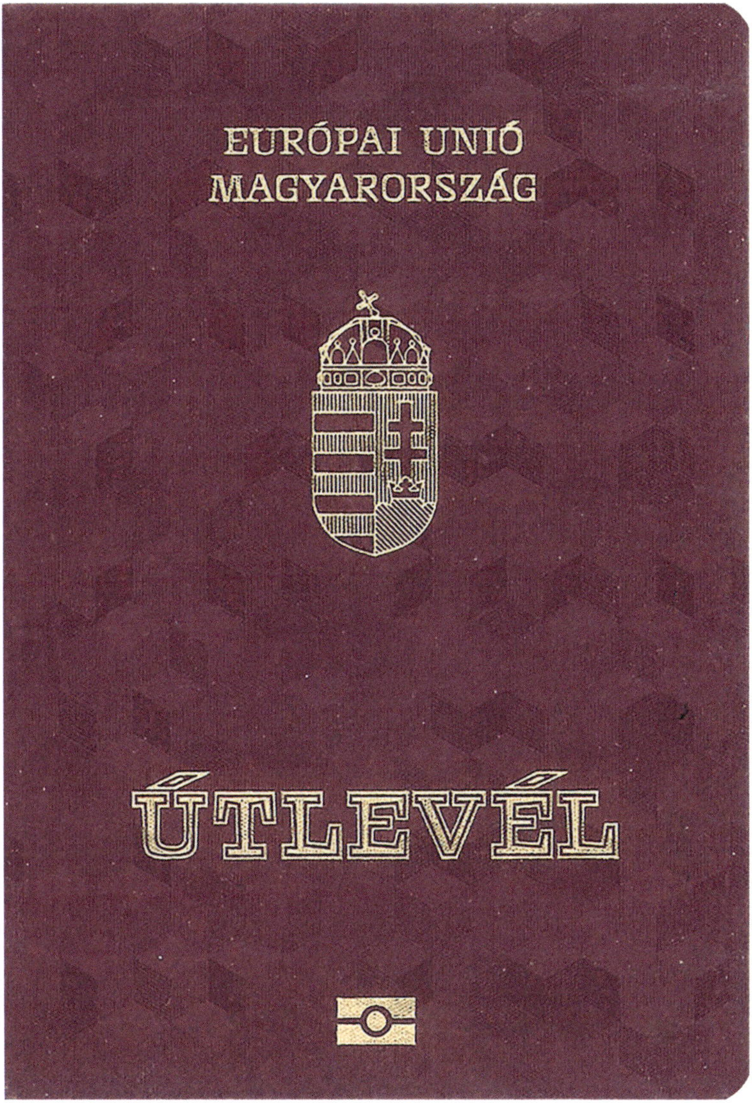
EURÓPAI UNIÓ
MAGYARORSZÁG
ÚTLEVÉL

Rumänien

★ Bukarest

Republik

19.830.000

238.400 km²

83

BNE 9.500 $

BIP 178 Mrd. $

S Rumänisch

↑ 15 / 144

Zusammen mit Bulgarien das jüngste EU-Beitrittsland, der letzte kommunistische Diktator Ceaucescu war Europas letzter Zuchtmeister; nach seiner Planwirtschaft und der Ausbeutung durch seine Clique erholt sich die Wirtschaft allmählich und es gibt erste Erfolge zu vermelden.

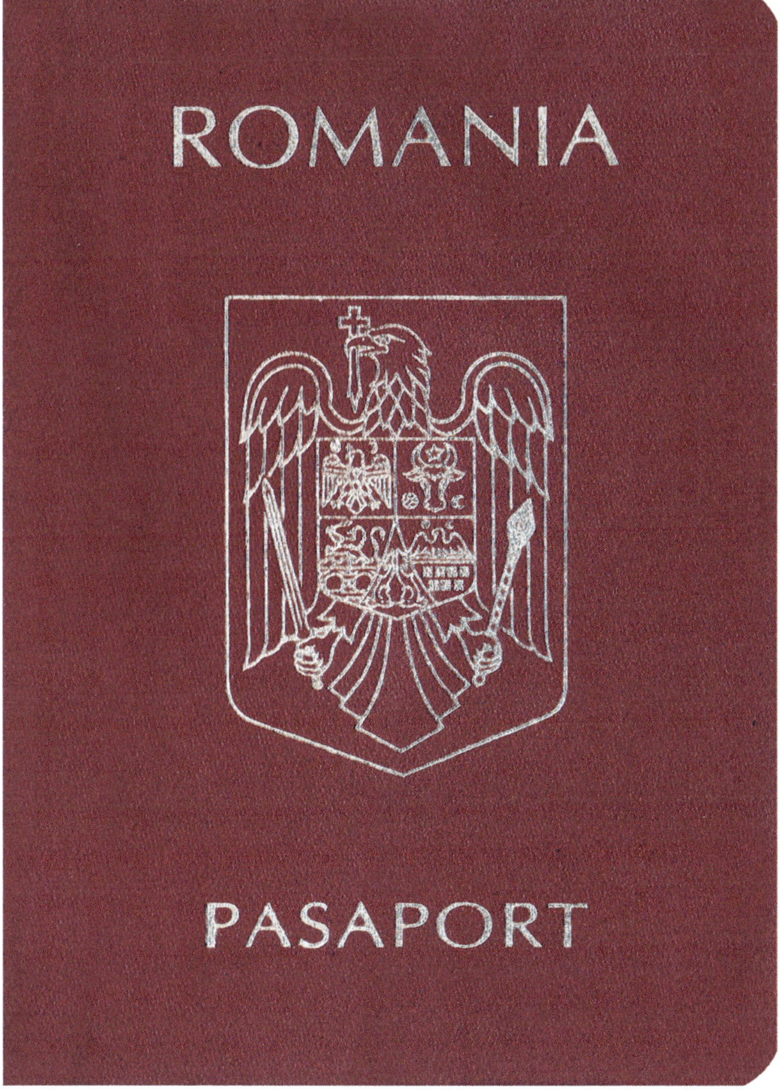
ROMANIA
PASAPORT

Moldawien
Republik Moldau

Chisinau

Republik, Parlamentarische Demokratie

3.550.000

33.800 km²

105

BNE 2.240 $

BIP 6,6 Mrd. $

S Rumänisch

43 / 104

An drei Seiten von ukrainischem Gebiet umgeben, daher keine Schwarzmeermküste; Bevölkerungsmehrheit rumänisch; Unterstützung durch USA, weitgehender Freihandel mit EU-Binnenmarkt; Agrarerzeugnisse: Obst, Wein, Branntwein und Lebensmittelkonserven.

REPUBLICA MOLDOVA
PAŞAPORT

Portugal
Portugiesische Republik

Lissabon

Laizistische Republik

10.350.000

92.300 km²

112

BNE 20.530 $

BIP 198,9 Mrd. $

S Portugiesisch

4 / 157

Die Portugiesen entdeckten zwar nicht Amerika, aber sie waren die ersten, die die Welt umsegelten; parallel zum Ende der Diktatur in Spanien in der zweiten Hälfte des 20. Jh. selbst auch zur Demokratie geworden; die Atlantikküste lockt Feriengäste massenweise an, herrlich die Hauptstadt Lissabon.

UNIÃO EUROPEIA
PORTUGAL
PASSAPORTE

Spanien
Königreich Spanien

★ Madrid

Parlamentarische Monarchie

46.420.000

505.000 km²

92

BNE 28.530 $

BIP 1.199,1 Mrd. $

S Spanisch,
Baskisch (regional),
Galicisch (regional),
Katalanisch/
Valencianisch (regional)

↑ 3 / 158

Spuren der maurischen Besatzung bis zum Ende des 15. Jh. bis heute im Süden sichtbar; frühere Weltmacht. Im 20. Jh. erst seit Ende der Franco-Diktatur 1977 (letzte faschistische Diktatur in Westeuropa) demokratisch und EU-Mitglied geworden; sonnenreiches Urlaubsland; bedeutende Kulturschätze.

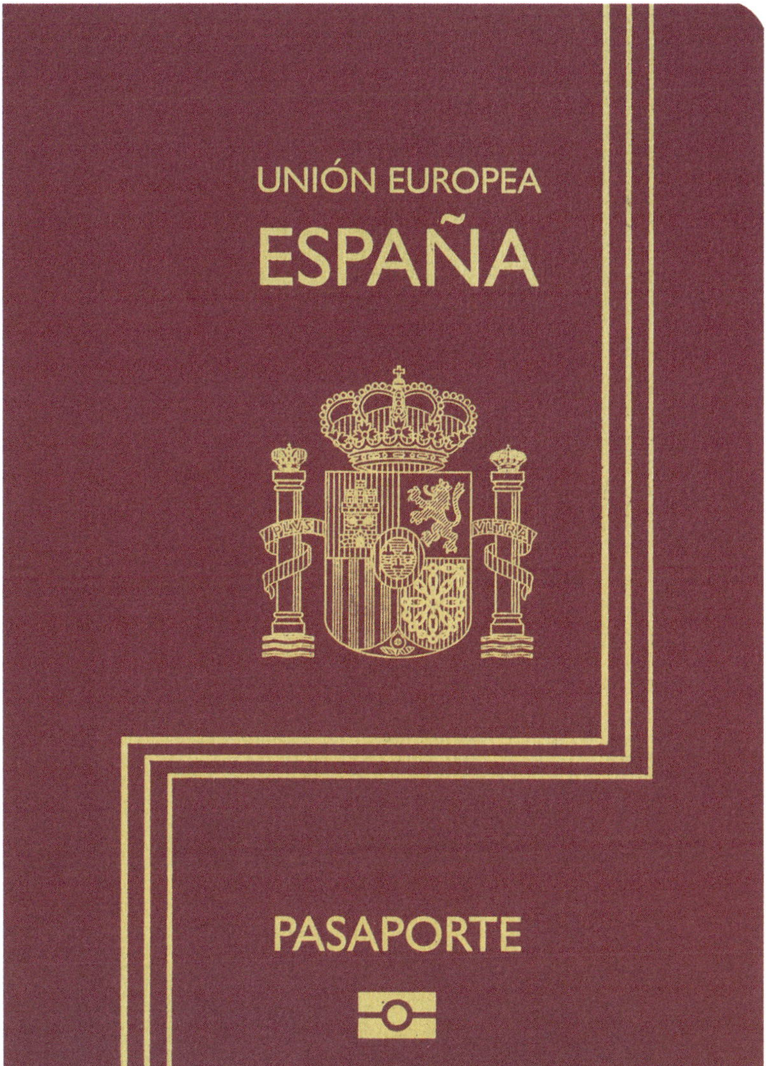
UNIÓN EUROPEA
ESPAÑA
PLVS
VLTRA
PASAPORTE

Andorra
Fürstentum Andorra

★ Andorra la Vella

Konstitutionelles Fürstentum

70.000

470 km²

149

BNE 43.270 $ (2013)

BIP 3,2 Mrd. $ (2013)

S Katalanisch

↑ 18 / 140

Zwergstaat in den östlichen Pyrenäen zwischen Spanien und Frankreich, Steueroase, Haupteinnahmequelle Wintersport-Tourismus. Einziges Land mit zwei Ausländern als Staatsoberhaupt: Frankreichs Staatspräsident *und* der Bischof von Urgell.

ANDORRA
VIRTVS VNITA FORTIOR
PASSAPORT

Monaco
Fürstentum Monaco

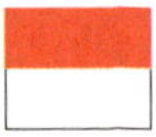

★ Monaco

Konstitutionelle Monarchie mit eingeschränkter Souveränität

40.000

2 km²

20.000

BNE 186.710 $ (2008)

BIP 6,1 Mrd. $ (2011)

S Französisch

↑ 14 / 145

Winzige, aber reiche Monegassen-Monarchie, mit einst einem US-Filmstar als Regentin, dank Steuervorteilen für die High Society und einem berühmten Spielcasino, dem alljährlichen Formel 1-Autorennen und den Liegegebühren im Yacht-Hafen.

PRINCIPAUTÉ DE MONACO
PASSEPORT

Italien
Italienische Republik

★ Rom

Republik, Parlamentarische Demokratie

60.800.000

301.300 km²

202

BNE 32.810 $

BIP 1.821,5 Mrd. $

S Italienisch, Deutsch (regional), Französisch (regional), Slowenisch (regional)

↑ 3 / 158

Wunderkammer der Kunstgeschichte, massenhaft Sehenswertes, einprägsam stiefelförmiger Umriss im Mittelmeer; Regierungsform demokratisch-chaotisch und stets am Rande des Staatsbankrotts; Heimat der „bella figura“.

UNIONE EUROPEA
REPUBBLICA ITALIANA
REPVBBLICA ITALIANA
PASSAPORTO

San Marino
Republik San Marino

San Marino
Republik

30.000
61 km²
492
BNE 52.140 $ (2008)
BIP 1,9 Mrd. $ (2008)
S Italienisch
17 / 141

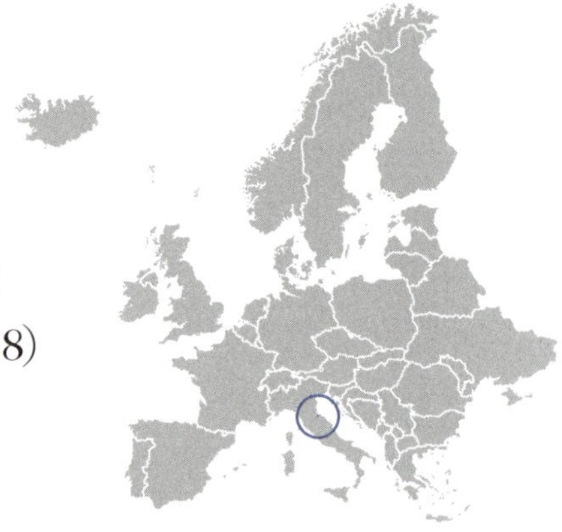

Zwergstaat, leicht zu übersehen, grob zwischen Bologna und Rimini; ganz von Italien umgeben; älteste bestehende Republik der Welt: angebliche Gründung 301 n. Chr. durch hl. Marinus; nicht in der EU. Teilt mit Venedig den Beinamen „La Serenissima".

REPUBBLICA DI SAN MARINO
RÉPUBLIQUE DE SAINT-MARIN
REPUBLIC OF SAN MARINO
LIBERTAS
PASSAPORTO
PASSEPORT
PASSPORT

Vatikanstadt

★ Staat Vatikanstadt

Absolute Wahlmonarchie

0,001

0,44 km²

2.273

BNE k. A.

BIP k. A.

S Deutsch, Italienisch, Lateinisch

↑ 22 / 132

Seit 1929 als „Heiliger Stuhl“ Gegenstand des Völkerrechts, mit dem Oberhaupt der römisch-katholischen Kirche, dem Papst, als mit absoluter Macht regierendem Staatschef; in Roms Innenstadt gelegen, kleinster Staat der Welt.

Slowenien
Republik Slowenien

★ Ljubljana

Republik, Parlamentarische Demokratie

2.060.000

20.300 km²

101

BNE 22.190 $

BIP 42,8 Mrd. $

S Slowenisch

↑ 11 / 150

Idyllische Berg-, Seen- und Wanderlandschaft – 10.000 Kilometer Wanderrouten insgesamt; nördliche Balkanhalbinsel mit kleinem Zugang zur Adria (Küstenstadt Piran); die Hauptstadt Ljubljana bietet gut erhaltene, eigenständige Jugendstil-Baukunst.

EVROPSKA UNIJA
REPUBLIKA SLOVENIJA
POTNI LIST

Kroatien
Republik Kroatien

★ Zagreb

🏛 Republik, Parlamentarische Demokratie

👥 4.220.000

▱ 56.500 km²

👪 75

BNE 12.700 $

BIP 48,7 Mrd. $

S Kroatisch

↑ 15 / 144

Katholischer Teil des früheren Jugoslawiens, daher uralte Feindschaft mit dem orthodoxen Serbien, was beim Zerfall Jugoslawiens zum Krieg führte; heute beliebtes Urlaubsland mit wunderbarer Inselwelt in der Adria.

REPUBLIKA HRVATSKA
REPUBLIC OF CROATIA
RÉPUBLIQUE DE CROATIE
PUTOVNICA
PASSPORT
PASSEPORT

Bosnien und Herzegowina

★ Sarajevo

Bundesrepublik, Parlamentarische Demokratie

3.810.000

51.100 km²

75

BNE 4.670 $

BIP 16,2 Mrd. $

S Bosnisch, Kroatisch, Serbisch

↑ 45 / 102

Hier schreiben die muslimischen Bosniaken (50,7 % der Bevölkerung) und die katholischen Kroaten (15,2 %) lateinische Buchstaben, die orthodoxen Serben (30,7 %) kyrillische. Keine gemeinsamen Feiertage, Staatspräsidium aus drei Vertretern der jeweiligen Gruppe.

BOSNA I HERCEGOVINA
БОСНА И ХЕРЦЕГОВИНА
BOSNIA AND HERZEGOVINA
PASOŠ
ПАСОШ
PUTOVNICA
PASSPORT

Serbien
Republik Serbien

★ Belgrad

Republik, Parlamentarische Demokratie

7.100.000

77.500 km²

92

BNE 5.540 $

BIP 37,1 Mrd. $

S Serbisch

↑ 37 / 112

Größter Einzelstaat des zerfallenen „Jugoslawien; serbisch dominierte Armee begann in den 1990er-Jahren Krieg gegen andere Einzelstaaten, die sich für unabhängig erklärt hatten. Serbisch-orthodox; traditionelle Nähe zu Moskau; reiche Kulturgeschichte.

РЕПУБЛИКА СРБИЈА
ПАСОШ

Montenegro

★ Podgorica
Republik

620.000
13.800 km²
45
BNE 7.220 $
BIP 4 Mrd. $
S Montenegrinisch
↑ 43 / 104

Bildete nach den Jugoslawienkriegen in den 1990er-Jahren einen losen Staatenbund mit Serbien. Seit 2006 eigenständig, wie Serbien mehrheitlich serbisch-orthodox; über 20 % des BIP aus Tourismus; größtes Menschenrechtsproblem: organisierte Kriminalität.

CRNA GORA
MONTENEGRO
PASOŠ
PASSPORT
PASSEPORT

Kosovo
Republik Kosovo

★ Priština

🏛 Laizistische Republik, Parlamentarische Demokratie

- 1.800.000
- 10.900 km²
- 165
- BNE 3.970 $
- BIP 6,4 Mrd. $
- S Albanisch, Serbisch
- ↑ 85 / 41

Die meisten UN-Staaten erkennen Kosovo (auch „das“ oder „der“) als unabhängig (seit 2008) an; früher Teil Jugoslawiens, dann Serbiens; Energieprobleme; Ausfuhren: Eisen, Stahl und Erze; laut USA wichtige Rauschgiftroute aus Afghanistan nach Westeuropa.

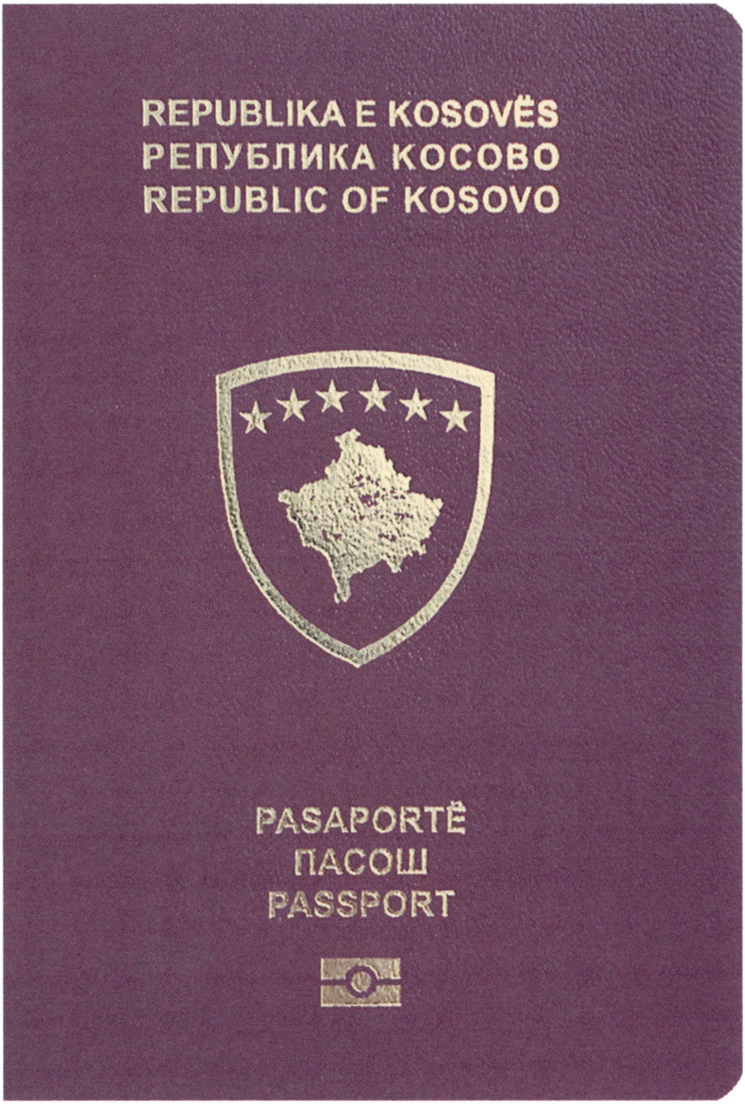
REPUBLIKA E KOSOVËS
РЕПУБЛИКА КОСОВО
REPUBLIC OF KOSOVO
PASAPORTË
ПАСОШ
PASSPORT

Bulgarien
Republik Bulgarien

★ Sofia

🏛 Parlamentarische Republik

- 7.180.000
- 111.000 km²
- 65
- BNE 7.480 $
- BIP 50,2 Mrd. $
- S Bulgarisch
- ↑ 15 / 144

Mit Rumänien jüngstes EU-Mitglied; Landessprache Bulgarisch in kyrillischen Lettern, starke türkische Minderheit mit Dialekt, der sich vom türkischen Türkisch stark unterscheidet. Die Landschaft bietet alles, vom alpinen Balkangebirge bis zur Schwarzmeerküste.

ЕВРОПЕЙСКИ СЪЮЗ
EUROPEAN UNION
РЕПУБЛИКА БЪЛГАРИЯ
REPUBLIC OF BULGARIA
СЪЕДИНЕНИЕТО ПРАВИ СИЛАТА
ПАСПОРТ
PASSPORT

Albanien
Republik Albanien

★ Tirana

Parlamentarische laizistische Republik

2.980.000

28.800 km²

103

BNE 4.280 $

BIP 11,4 Mrd. $

S Albanisch

47/97

Nach Vertreibung des Königs im Jahr 1939 jahrzehntelang isoliert, auch im „Ostblock“ selbst, Diktator Hodscha wandte sich Peking zu. Karges Bergland; Hirtenvolk; teilweise noch Blutrache; Anfang der 1990er-Jahre in zwei Phasen Massenflucht über die Adria nach Italien.

REPUBLIKA E SHQIPËRISË
REPUBLIC OF ALBANIA
PASAPORTË
PASSPORT

Mazedonien
Ehemalige jugoslawische Republik Mazedonien

★ Skopje

Republik, Parlamentarische Demokratie

2.080.000

25.700 km²

81

BNE 5.140 $

BIP 10,1 Mrd. $

S Albanisch, Mazedonisch

↑ 41 / 107

Wegen gleichnamiger Region in Griechenland auch „FYROM“ (Former Yugoslavian Republic of Macedonia); seit 1991 eigenständig, zu vielen Zeiten umkämpft und fremdbesetzt, politisch „Durcheinander“ – das spiegelt sich auch im Namen: „Obstsalat“ heißt auf Italienisch „macedonia“, auf Französisch „macedonie“.

РЕПУБЛИКА МАКЕДОНИЈА
REPUBLIC OF MACEDONIA
REPUBLIQUE DE MACEDOINE
ПАСОШ
PASSPORT
PASSEPORT

Griechenland
Hellenische Republik

★ Athen

Parlamentarische Republik, Demokratie

10.820.000

132.000 km²

82

BNE 20.320 $

BIP 194,9 Mrd. $

S Griechisch

↑ 6/155

Wiege des abendländischen Denkens (Politik, Philosophie, Naturwissenschaften, Literatur), über 400 Jahre lang türkisch besetzt. Heute Urlaubsland mit vielen Inseln im Mittelmeer und antiken Ausgrabungsstätten; EU-Mitglied mit Finanzproblemen.

ΕΥΡΩΠΑΪΚΗ ΕΝΩΣΗ
ΕΛΛΗΝΙΚΗ ΔΗΜΟΚΡΑΤΙΑ
ΔΙΑΒΑΤΗΡΙΟ

Malta
Republik Malta

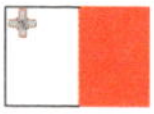

★ Valletta

Republik im Commonwealth

430.000

320 km²

1.344

BNE 23.930 $

BIP 9,7 Mrd. $

S Englisch, Maltesisch

↑ 8 / 153

Mehr katholische Kirchen pro Einwohner als in Rom; baumlose Mittelmeerinseln, insgesamt etwa so groß wie München; Verkehrssprachen: „Malti“, Englisch und Italienisch; „Malti“ ist die einzige semitische Sprache in lateinischen Buchstaben.

UNJONI EWROPEA
MALTA
REPUBBLIKA TA' MALTA
PASSAPORT

Türkei
Republik Türkei

★ Ankara

Laizistische Republik mit starker Position des Präsidenten

78.670.000

783.600 km²

100

BNE 9.950 $

BIP 717,9 Mrd. $

S Türkisch

↑ 43 / 104

Rest des einst riesigen Osmanischen Reiches, im 20. Jh. säkularisiert durch Staatsgründer Atatürk, dessen Erbe das starke Militär bewachte; massenhafte Arbeitsmigration nach Westeuropa, besonders Deutschland, inzwischen von stärker religiös ausgerichteter Strömung fast autokratisch regiert.

TÜRKİYE CUMHURİYETİ
REPUBLIC OF TURKEY
PASAPORT
PASSPORT

Zypern
Republik Zypern

Nikosia

Präsidialrepublik im Commonwealth

1.170.000

5.400 km²

217

BNE 25.990 $

BIP 19,6 Mrd. $

S Griechisch, Türkisch

13 / 148

Zwischen Türkei und Griechenland umstrittene Mittelmeerinsel, die drittgrößte nach Sizilien und Sardinien, in Nord und Süd geteilt seit 1974. UN-Kräfte schützen eine „Pufferzone", die die Insel und die Hauptstadt Nikosia teilt.

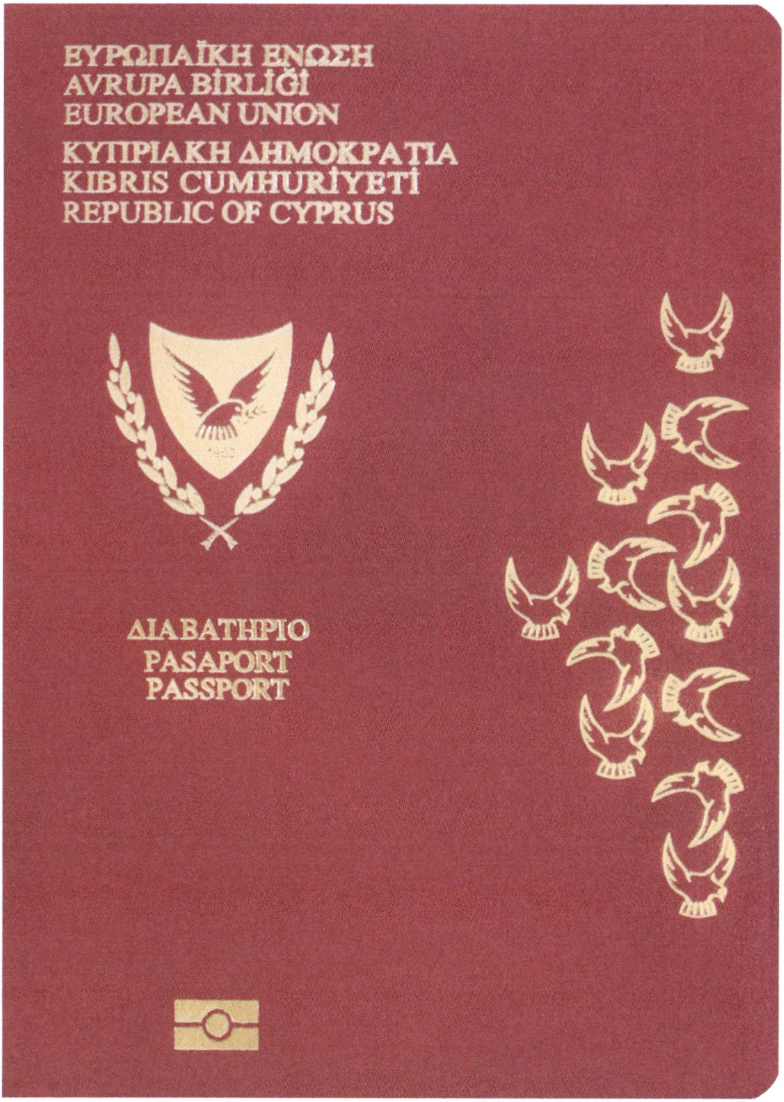
ΕΥΡΩΠΑΪΚΗ ΕΝΩΣΗ
AVRUPA BİRLİĞİ
EUROPEAN UNION
ΚΥΠΡΙΑΚΗ ΔΗΜΟΚΡΑΤΙΑ
KIBRIS CUMHURİYETİ
REPUBLIC OF CYPRUS
ΔΙΑΒΑΤΗΡΙΟ
PASAPORT
PASSPORT

Georgien
Georgien

★ Tiflis

Parlamentarische Republik, Demokratie

3.680.000

69.700 km²

53

BNE 4.160 $

BIP 14 Mrd. $

S Georgisch

↑ 44 / 103

Ex-Sowjetrepublik, Heimat Stalins, den manche Georgier immer noch verehren. Zwischen Europa und Asien, Kaukasusgebirge hält Kaltluft aus Norden ab und Schwarzes Meer warm. Regionen Abchasien und Süd-Ossetien abtrünnig, ihre Eigenständigkeit erkennt fast nur Moskau an.

საქართველო
პასპორტი
ძალა ერთობაშია
Georgia
PASSPORT

Armenien
Republik Armenien

★ Eriwan

Präsidialrepublik, Parlamentarische Demokratie

3.020.000

29.700 km²

102

BNE 3.880$

BIP 10,5 Mrd. $

S Armenisch

↑ 67/59

Kaukasisches Bergland zwischen Aserbeidschan, Georgien, Türkei und Iran; 94 % gehören der armenisch-apostolischen Kirche an; Siedlungsgebiet der Armenier (seit 2700 v. Chr.) einst viel größer, Genozid durch Türken im frühen 20. Jh.

ՀԱՅԱՍՏԱՆԻ
ՀԱՆՐԱՊԵՏՈՒԹՅՈՒՆ
ԱՆՁՆԱԳԻՐ
REPUBLIC OF ARMENIA
PASSPORT

Aserbaidschan
Republik Aserbaidschan

★ Baku

Republik, Präsidialdemokratie

9.650.000

86.600 km²

111

BNE 6.560 $

BIP 53,1 Mrd. $

S Aserbaidschanisch (Aseri)

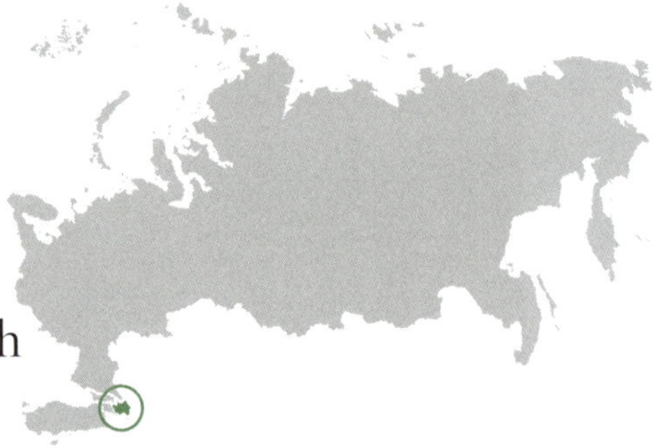

↑ 63 / 63

Muslimisch; Dauerstreit mit Armenien um Berg-Karabach. Interessenpflege mit „Kaviar“-Diplomatie (Einladung, Geschenke, Geld) bei Abgeordneten des Europa-Rats und Bundestags; Baku nennt diese Berichte „Fake-News von Armeniern“.

AZƏRBAYCAN RESPUBLİKASI
REPUBLIC OF AZERBAIJAN
PASPORT
PASSPORT

Russland
Russische Föderation

★ Moskau
Präsidialrepublik

144.100.000
17.098.200 km²
8
BNE 11.450 $
BIP 1.331,2 Mrd. $
S Russisch
↑ 42 / 105

Größtes Land der Welt, so groß wie Europa und Australien zusammen, sieben Zeitzonen, vor 1989 als UdSSR die Gegenmacht zu den USA im „Kalten Krieg", seither wildwestkapitalistisch, riesige Vorkommen an Bodenschätzen und Energie; Weltmacht des Schach.

РОССИЙСКАЯ ФЕДЕРАЦИЯ
RUSSIAN FEDERATION
ПАСПОРТ
PASSPORT

Afr

ika

Marokko
Königreich Marokko

★ Rabat

🏛 Konstitutionelle Monarchie mit Elementen parlamentarischer Demokratie

👥 34.380.000

▱ 458.800 km² (ohne Westsahara)

👪 75

BNE 3.030 $

BIP 100,6 Mrd. $

S Arabisch

↑ 71/55

Seit 1992 konstitutionelle Monarchie, westlichster Maghrebstaat, seit den 1990er-Jahren Transitland für Menschen aus Schwarzafrika. Selbst auch klassisches Auswandererland; in vielen Ländern bilden Marokkaner die größte muslimische Gemeinde; hohe Geburtenrate.

المملكة المغربية
ROYAUME DU MAROC
KINGDOM OF MOROCCO
جواز سفر
PASSEPORT
PASSPORT

Algerien
Demokratische Volksrepublik
Algerien

★ Algier
Präsidialrepublik

39.670.000
2.381.700 km²
17
BNE 4.870 $
BIP 166,8 Mrd. $
S Arabisch, Tamazight
↑ 78 / 48

Nach Teilung des Sudan Afrikas größter Flächenstaat; wie Marokko Anteile am Atlasgebirge; im dürftig besiedelten Süden extrem trockenes Wüsten-, im Norden mediterranes Klima; Demokratie nicht gelebt; islamistische Rebellen, langjähriger Bürgerkrieg.

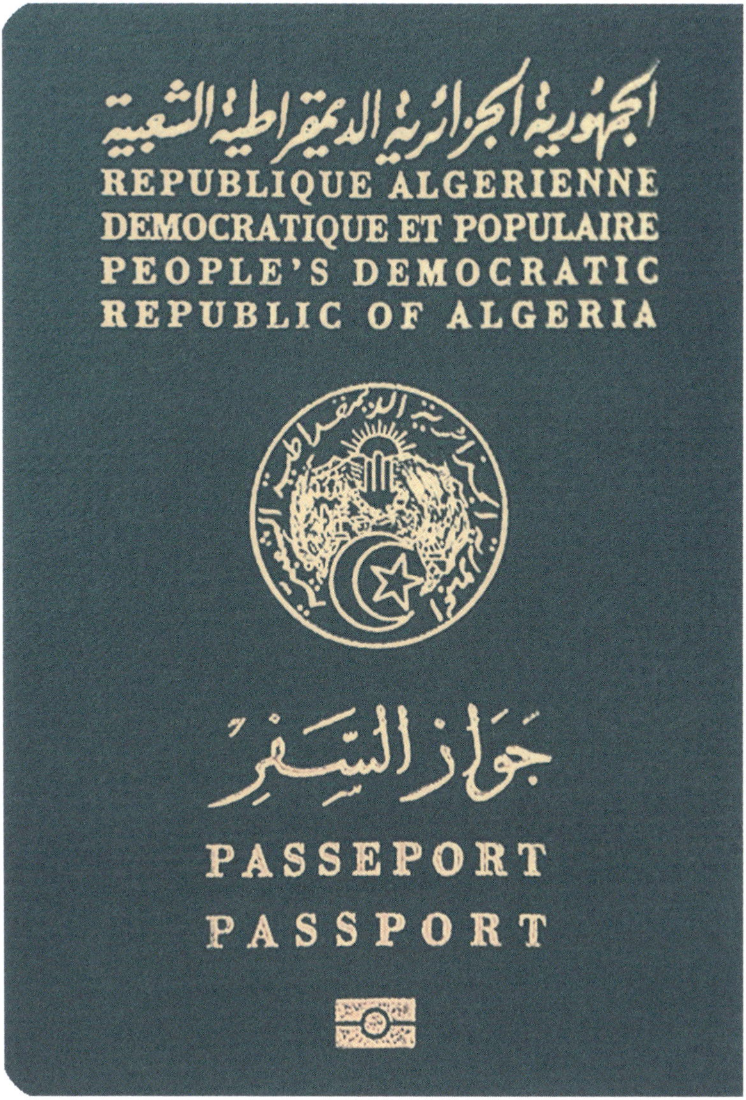
الجمهورية الجزائرية الديمقراطية الشعبية
REPUBLIQUE ALGERIENNE
DEMOCRATIQUE ET POPULAIRE
PEOPLE'S DEMOCRATIC
REPUBLIC OF ALGERIA
جواز السفر
PASSEPORT
PASSPORT

Tunesien
Tunesische Republik

★ Tunis

Präsidialrepublik

11.110.000

163.600 km²

68

BNE 3.980 $

BIP 43 Mrd. $

S Arabisch

↑ 64 / 62

Maghrebstaat zwischen Libyen und Algerien mit touristisch voll erschlossenen Mittelmeerküsten, besonders auf vorgelagerter Insel Djerba. Landwirtschaftlich stark, unter den führenden Olivenöl-Produzenten; niedrigste Geburtenrate in der arabischen Welt.

الجمهورية التونسية
REPUBLIQUE TUNISIENNE
REPUBLIC OF TUNISIA
جواز سفر
PASSEPORT
PASSPORT

Libyen

★ Tripolis

Übergangsregierung,
Verfassung in Ausarbeitung

6.280.000

1.775.500 km²

4

BNE 4.660 $ (2011)

BIP 34,7 Mrd. $ (2011)

S Arabisch

↑ 88 / 37

Früher italienische Kolonie, dann Königreich, 1969 nach unblutigem Putsch abgelöst durch den „Revolutionsführer" Gaddafi. Renten werden aus Erdölerlösen bezahlt; politisches Fernziel: großarabische Einigung; Rebellen stürzten Gaddafi-Regime 2011, seither Bürgerkrieg unter Auslandsbeteiligung.

دولة ليبيا
STATE OF LIBYA
جواز سفر
PASSPORT

Ägypten
Arabische Republik Ägypten

★ Kairo

Republik, Präsidialdemokratie

91.510.000

1.001.500 km²

91

BNE 3.340 $

BIP 330,8 Mrd. $

S Arabisch

↑ 75 / 51

Eine der frühesten Hochkulturen, fruchtbar entlang der Nil-Ufer. Früherer Staatschef Nasser träumte von Panarabien und der Vernichtung Israels, erst unter Sadat Friedensabkommen mit Israel, Sadat-Nachfolger Mubarak im „arabischen Frühling" gestürzt.

جمهورية مصر العربية
ARAB REPUBLIC OF EGYPT
جمهورية مصر العربية
جواز سفر
PASSPORT

Mauretanien
Islamische Republik Mauretanien

Nouakchott

Islamische Präsidialrepublik

4.070.000

1.030.700 km²

4

BNE 1.370 $ (2014)

BIP 5,4 Mrd. $ (2014)

S Arabisch

73 / 53

Mitte des 20. Jh. lebten noch 90 % der Bevölkerung als Nomaden in Zelten; erst danach entstanden größere Städte, in denen heute fast die Hälfte der Bürger wohnt; arabische, berberische und schwarzafrikanische Bevölkerungsteile; Sklaverei besteht fort.

الجمهورية الإسلامية الموريتانية
REPUBLIQUE ISLAMIQUE DE MAURITANIE
ISLAMIC REPUBLIC OF MAURITANIA
الجمهورية الإسلامية الموريتانية
REPUBLIQUE ISLAMIQUE DE MAURITANIE
جواز
PASSEPORT
PASSPORT

Mali
Republik Mali

★ Bamako

Präsidialrepublik

17.600.000

1.240.200 km²

14

BNE 760 $

BIP 12,8 Mrd. $

S Französisch

↑ 75 / 51

Die Hälfte der Einwohner lebt unter der Armutsgrenze; seit dem Mittelalter folgten mehrere Reiche aufeinander, in denen das Land eine gewisse kulturelle Blüte erlebte; heute im Norden Konflikt zwischen separatistischen Tuareg und Armee, zusammen Kämpfe gegen Islamisten; Landwirtschaft, Fischerei, Bergbau; Ausfuhren: Gold, Salz.

REPUBLIQUE DU MALI
REPUBLIQUE DU MALI
UN PEUPLE - UN BUT - UNE FOI
PASSEPORT

Niger
Republik Niger

★ Niamey

Präsidialrepublik

19.900.000

1.267.000 km²

16

BNE 390 $

BIP 7,1 Mrd. $

S Französisch

75 / 51

Wüsten, vom Niger durchflossen; höchste Fertilitätsrate der Welt; wichtigstes Exportgut: Uran. USA unter G. W. Bush wollten zeigen, dass Niger dem Irak Waffen-Uran liefere, platzierten entsprechende Fake-Papiere in Botschaft des Niger in Rom.

REPUBLIQUE DU NIGER
PASSEPORT

Tschad
Republik Tschad

★ N'Djamena

Präsidialrepublik

14.040.000

1.284.000 km²

11

BNE 880 $

BIP 10,9 Mrd. $

S Arabisch, Französisch

↑ 77 / 47

Fast 200 Ethnien, knapp über die Hälfte der Einwohner muslimisch; große Wüsten, aber auch eines der größten Naturreservate Afrikas. Anfang der 1990er-Jahre von Libyen angegriffen, von einstiger Kolonialmacht Frankreich befreit, seitdem eine Republik.

REPUBLIQUE DU TCHAD
جمهورية تشاد
REPUBLIC OF CHAD
UNITE
PROGRES
TRAVAIL
PASSEPORT
جواز سفر
PASSPORT

Sudan
Republik Sudan

★ Khartum

Republik (Übergangsverfassung)

40.230.000

1.840.700 km²

22

BNE 1.920 $

BIP 97,2 Mrd. $

S Arabisch

88 / 37

Jeder fünfte Einwohner lebt in oder um die Hauptstadt Khartum. Hier vereinigen sich Blauer und Weißer Nil. Anteile an Sahelzone, verschiedene Savannen (von Dornstrauchsavannen in Trockenregionen bis zu Feuchtsavannen); zehn Nationalparks.

جمهورية السودان
THE REPUBLIC OF THE SUDAN
جواز سفر
PASSPORT

Eritrea
Staat Eritrea

★ Asmara

Präsidialrepublik mit Übergangsparlament

4.800.000 (2011)

121.100 km²

40

BNE 480 $ (2011)

BIP 2,6 Mrd. $ (2011)

S Arabisch, Tigrinya

↑ 86 / 39

Am Roten Meer (griechisch: „erythra") herrscht Trockensavannenklima, im Gebirge im Landesinneren fällt Regen. Bevölkerungsmehrheit arbeitet im Agrarsektor; zusätzlich vermindert nach Grenzkrieg mit Äthiopien; Volkssport Radrennen (!).

ERITREA
ኤርትራ
ارتريا
THE STATE OF
ERITREA
PASSPORT
ፓስፖርት
جواز سفر

Dschibuti
Republik Dschibuti

★ Dschibuti

Präsidialrepublik

890.000

23.200 km²

38

BNE 1.030 $ (2005)

BIP 1,7 Mrd. $

S Arabisch, Französisch

↑ 83 / 43

Kleines Land am Roten Meer, dem Jemen gegenüber, Taucherparadies; einheitliches Klima, am Meer ganzjährig Hochsommer. Grenzt an Somalia, Eritrea, Äthiopien. Vielgestaltige Wüstenlandschaft. Seit 1977 von Frankreich unabhängig.

جمهورية جيبوتي
RÉPUBLIQUE DE DJIBOUTI
RÉPUBLIQUE DE DJIBOUTI
جواز سفر
PASSEPORT

Äthiopien
Demokratische Bundesrepublik Äthiopien

★ Addis Abeba

Bundesrepublik

99.390.000

1.133.400 km²

88

BNE 590 $

BIP 61,5 Mrd. $

S Amharisch

↑ 87/38

Etwa dreimal so groß wie Deutschland, aber nur etwa 20 Millionen mehr Einwohner; Besetzung durch Mussolini-Italien 1936–41. Langjähriger Regent war Haile Selassie, letzter „Kaiser von Abessinien“; er sah sich als 225. Nachfolger des biblischen Königs Salomon.

የኢትዮጵያ ፌዴራላዊ
ዲሞክራሲያዊ ሪፐብሊክ
FEDERAL DEMOCRATIC REPUBLIC
OF ETHIOPIA
ፓስፖርት
PASSPORT

Somalia
Republik Somalia

★ Mogadischu

Parlamentarische Bundesrepublik

10.790.000

637.700 km²

17

BNE k. A.

BIP 5,9 Mrd. $

S Somali

↑ 89 / 33

Gelegen auf der Somali-Halbinsel am Horn von Afrika; Bodenerosion und Wüstenausbreitung infolge von Überweidung und Abholzung; Brennholz einzige Energiequelle; Bürgerkrieg; große Unsicherheit u. a. durch Piraten. Vor der Küste Verklappung, teils von Atommüll, und unkontrollierte Überfischung.

JAMHUURIYADDA SOOMAALIYA
جمهورية الصومال
SOMALI REPUBLIC
BAASABOOR
جواز سفر
PASSPORT

Senegal
Republik Senegal

★ Dakar

🏛 Präsidialrepublik, Demokratie

👥 15.130.000

▱ 196.700 km²

👥 77

BNE 980 $

BIP 13,6 Mrd. $

S Französisch

↑ 71/55

Erstreckt sich entlang der westafrikanischen Küste vom Südrand der Sahara bis zum Nordrand des tropischen Dschungels. Seit 1960 unabhängig, in vorigen Jahrhunderten vom Sklavenhandel gepeinigt. Islam Staatsreligion; Süden (Casamance) durch Gambia abgeteilt.

COMMUNAUTE ECONOMIQUE DES
ETATS DE L'AFRIQUE DE L'OUEST
REPUBLIQUE DU SENEGAL
UN PEUPLE
UN BUT
UNE FOI
PASSEPORT
Passport

Gambia
Islamische Republik Gambia

★ Banjul

Islamische Präsidialrepublik

1.990.000

11.300 km²

176

BNE 460 $ (2014)

BIP 0,9 Mrd. $

S Englisch

↑ 61 / 65

Bis auf Abschnitt an afrikanischer Westküste vollständig vom Senegal umgeben; kleinster Staat des afrikanischen Festlands beidseits des Gambia-Flusses. Großwild schon von Kolonialherren ausgerottet, immer noch reiche Tier- und Pflanzenwelt.

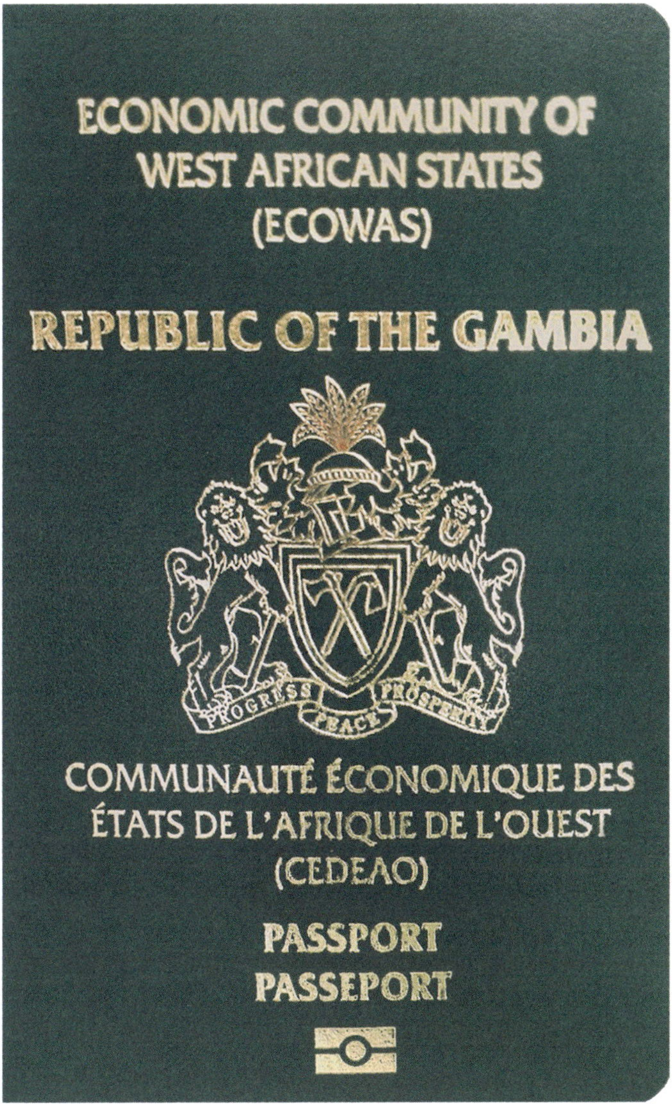
ECONOMIC COMMUNITY OF
WEST AFRICAN STATES
(ECOWAS)
REPUBLIC OF THE GAMBIA
PROGRESS
PEACE
PROSPERITY
COMMUNAUTÉ ÉCONOMIQUE DES
ÉTATS DE L'AFRIQUE DE L'OUEST
(CEDEAO)
PASSPORT
PASSEPORT

Guinea-Bissau
Republik Guinea-Bissau

★ Bissau

Präsidialrepublik, Demokratie

1.840.000

36.100 km²

51

BNE 590 $

BIP 1,1 Mrd. $

S Portugiesisch

↑ 77/47

Eines der am schlechtesten entwickelten Länder der Erde; sieben Ärzte pro 100.000 Einwohner; Genitalverstümmelung bei Frauen immer noch weit verbreitet. Laut UN Drehkreuz für Rauschgifthandel; 85 % des Exports sind Cashewnüsse (!).

REPÚBLICA DA GUINÉ-BISSAU
REPUBLIQUE DE GUINÉE-BISSAU
REPUBLIC OF GUINEA-BISSAU
CEDEAO
ECOWAS
PASSAPORTE
PASSEPORT
PASSPORT

Guinea
Republik Guinea

★ Conakry

Präsidialrepublik

12.610.000

245.900 km²

51

BNE 470 $

BIP 6,7 Mrd. $

S Französisch

↑ 71/55

Seit Staatsgründung 1958 Militärdiktatur, Verfassung nahezu unbeachtet; auch dt. Bundeswehr bildet(e) Soldaten aus; hier entspringen die Flüsse Niger und Gambia und ein Quellfluss des Senegal; im Hochland Regenwald, im Flachland Gras-Savannen.

COMMUNAUTE ECONOMIQUE DES
ETATS DE L'AFRIQUE DE L'OUEST
(CEDEAO)
REPUBLIQUE DE GUINEE
CEDEAO
ECOWAS
PASSEPORT

Sierra Leone
Republik Sierra Leone

★ Freetown

Präsidialrepublik im Commonwealth

6.450.000

71.700 km²

90

BNE 620 $

BIP 4,2 Mrd. $

S Englisch

↑ 66 / 60

Jahrzehnte des Bürgerkriegs um Diamanten und andere Rohstoffe. Heute mit der Aufarbeitung befasst, nach britisch beherrschtem Sklavenhandel ab dem 18. Jh. zusehends islamisiert, heute zu 70 % sunnitische Muslime; 70 % der Bürger extrem arm (weniger als tgl. 1 US-Dollar).

REPUBLIC OF
SIERRA LEONE
PASSPORT

Liberia
Republik Liberia

★ Monrovia

Präsidialrepublik

4.500.000

97.800 km²

46

BNE 380 $

BIP 2,1 Mrd. $

S Englisch

79 / 47

Entstand bei Rücksiedlung von Sklaven aus USA (lateinisch „liber" = „frei"); unabhängig seit 1847. Seither Konflikte zwischen ansässiger Bevölkerung und Wiederangesiedelten bzw. deren Nachkommen; ausländische Truppen im Land für innere Sicherheit; 15 % des BIP entfallen auf den Fischfang.

REPUBLIC OF LIBERIA
LIBERTY
REPUBLIC OF LIBERIA
PASSPORT
PASSEPORT

Elfenbeinküste
Republik Côte d'Ivoire

★ Yamoussoukro

Präsidiale Republik

22.700.000

322.500 km²

70

BNE 1.420 $

BIP 31,8 Mrd. $

S Französisch

↑ 71/55

Name von Elefantenstoßzähnen (lange wichtigstes Ausfuhrprodukt), seit 1960 unabhängig, 40 Jahre lang stabil, Kaffee- und Kakaoexport sicherte Wohlstand, Verfall des Kakaopreises führte zu Unruhen und Bürgerkrieg, Friedensabkommen 2007. Aufarbeitung hält an.

COMMUNAUTÉ ÉCONOMIQUE DES
ÉTATS DE L'AFRIQUE DE L'OUEST
(CEDEAO)
RÉPUBLIQUE
DE
CÔTE D'IVOIRE
RÉPUBLIQUE DE CÔTE D'IVOIRE
PASSEPORT
PASSPORT
PASSAPORTE

Burkina Faso

★ Ouagadougou

Laizistische Präsidialrepublik

18.100.000

274.000 km²

66

BNE 640 $

BIP 10,7 Mrd. $

S Französisch

↑ 72 / 54

Name bedeutet „Heimat des aufrichtigen Menschen“. 1960 unabhängig, bis 1984 „Obervolta“; häufig Dürre; neun von zehn Einwohner bauen nur für den Eigenbedarf an; gute Baumwolle gelangt wegen Subventionen nicht in die EU oder USA, die allerdings Stützgelder bezahlen.

COMMUNAUTE ECONOMIQUE DES
ETATS DE L'AFRIQUE DE L'OUEST
BURKINA FASO
Unité
Progrès
Justice
PASSEPORT
PASSPORT

Ghana
Republik Ghana

★ Accra

Präsidialrepublik im Commonwealth, Demokratie

27.410.000

238.500 km²

115

BNE 1.480 $

BIP 37,5 Mrd. $

S Englisch

67/59

Ziemlich genau zweigeteilt zwischen Christen und Muslimen, fast so groß wie das Vereinigte Königreich, die frühere Kolonialmacht. Weltweit zweitgrößter Kakaohersteller, fast ein Drittel der Ausfuhren besteht aus Gold, dahinter Erdöl, Diamanten und Bauxit.

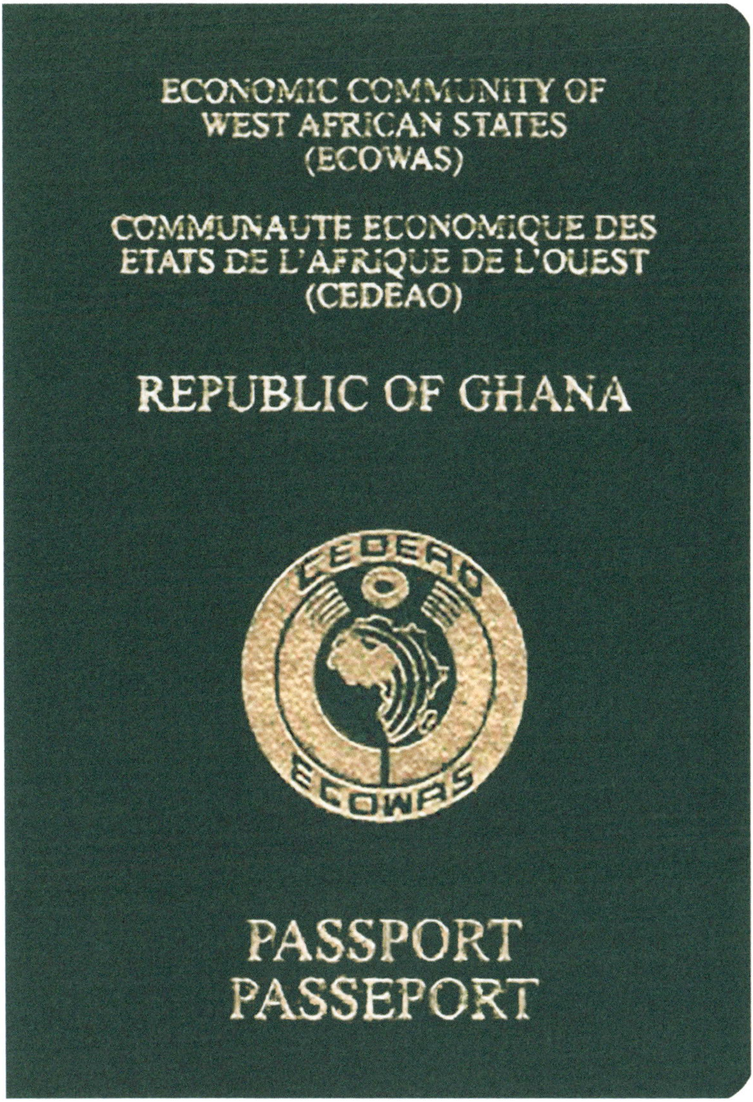
ECONOMIC COMMUNITY OF
WEST AFRICAN STATES
(ECOWAS)
COMMUNAUTE ECONOMIQUE DES
ETATS DE L'AFRIQUE DE L'OUEST
(CEDEAO)
REPUBLIC OF GHANA
PASSPORT
PASSEPORT

Togo
Republik Togo

★ Lomé

🏛 Präsidialrepublik

👥 7.300.000

▱ 56.800 km²

👥 129

BNE 540 $

BIP 4,1 Mrd. $

S Ewe, Französisch, Kabyé

↑ 74 / 52

1884–16 „Deutsche Kolonie Togo", danach Völkerbunds- bzw. UN-Gebiet. 40 Jahre lang vom Vater des derzeitigen Staatschefs autokratisch regiert, Menschenrechtsverletzungen; Sandstrände, Palmen, im Hinterland Savannen mit Antilopen und Elefanten.

COMMUNAUTE ECONOMIQUE DES
ETATS DE L'AFRIQUE DE L'OUEST
(CEDEAO / ECOWAS)
REPUBLIQUE TOGOLAISE
LIBERTE
TRAVAIL
PATRIE
RT
PASSEPORT

Benin
Republik Benin

★ Porto Novo

Republik, Präsidialdemokratie

10.880.000

112.600 km²

97

BNE 840

BIP 8,3 Mrd. $

S Französisch

↑ 69 / 57

Bis 1975 „Dahomey“; Savannen, Regen- und Trockenwälder; Restbestände an Großwild; über 50 lokale Sprachen neben der Amtssprache Französisch. Unter den über 15-Jährigen sind 75 % der Frauen und 60 % der Männer Analphabeten; erster Staat Afrikas mit Verbot der Beschneidung von Frauen.

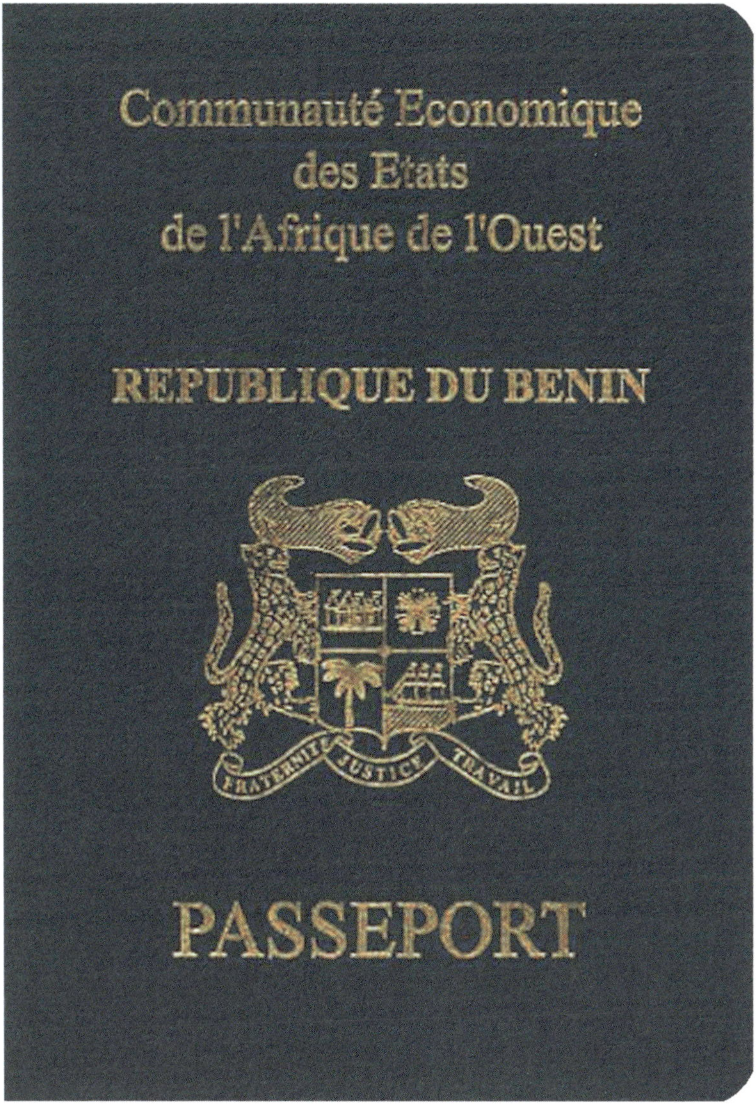
Communauté Economique
des Etats
de l'Afrique de l'Ouest
REPUBLIQUE DU BENIN
FRATERNITE JUSTICE TRAVAIL
PASSEPORT

Nigeria
Bundesrepublik Nigeria

★ Abuja

🏛 Bundesrepublik im Commonwealth, Präsidialdemokratie

182.200.000

923.800 km²

197

BNE 2.820 $

BIP 481,1 Mrd. $

S Englisch

↑ 82 / 44

Das bei Weitem bevölkerungsreichste Land Afrikas, mit mehr als 500 gesprochenen Sprachen (!). Demokratie und Wirtschaft entwickeln sich langsam, Korruption verhindert Gewinne an Erdölvorkommen; Konflikte zwischen muslimischem Norden und christlichem Süden.

ECONOMIC COMMUNITY OF
WEST AFRICAN STATES
(ECOWAS)
CEDEAO
ECOWAS
FEDERAL REPUBLIC OF NIGERIA
PASSPORT

Kamerun
Republik Kamerun

★ Jaunde

Präsidialrepublik im Commonwealth

23.340.000

475.400 km²

49

BNE 1.320 $

BIP 28,4 Mrd. $

S Englisch, Französisch

80/46

Hier gibt es fast alle Landschaftstypen und Klimazonen des afrikanischen Kontinents; die Mehrparteiendemokratie ist stabil, aber sie könnte bei der Nachfolgeregelung für das amtierende Staatsoberhaupt in Gefahr geraten.

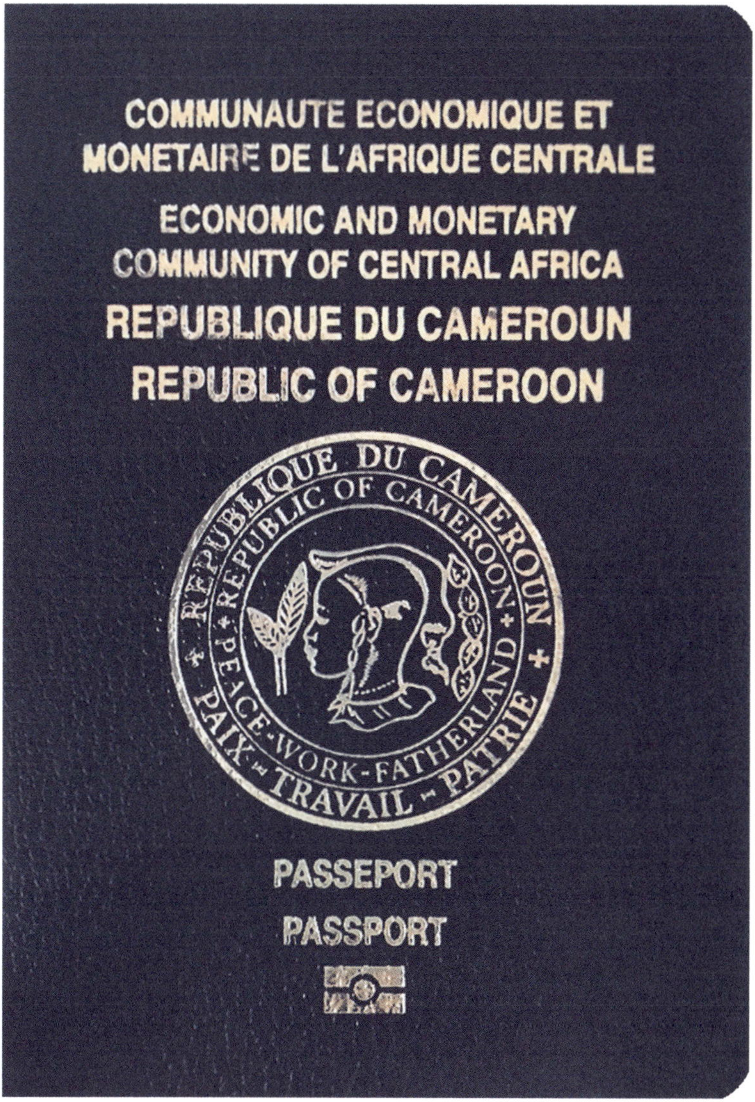
COMMUNAUTE ECONOMIQUE ET
MONETAIRE DE L'AFRIQUE CENTRALE
ECONOMIC AND MONETARY
COMMUNITY OF CENTRAL AFRICA
REPUBLIQUE DU CAMEROUN
REPUBLIC OF CAMEROON
REPUBLIQUE DU CAMEROUN
REPUBLIC OF CAMEROON
PEACE-WORK-FATHERLAND
PAIX - TRAVAIL - PATRIE
PASSEPORT
PASSPORT

Zentralafrikanische Republik

★ Bangui

Präsidialrepublik

4.900.000

622.500 km²

8

BNE 330 $

BIP 1,6 Mrd. $

S Französisch, Sango

↑ 80 / 46

Regenwald im Süden bietet Flachlandgorillas und Waldelefanten Zuflucht. Geburtenrate: pro Frau fünf Kinder, nur 7 % der verheirateten Frauen haben Zugang zu Verhütungsmitteln; Gesundheitssystem schwach. Wenige Vertreter der indigenen Pygmäen im südwestlichen Regenwald.

COMMUNAUTÉ ÉCONOMIQUE ET
MONÉTAIRE DE L'AFRIQUE CENTRALE
RÉPUBLIQUE CENTRAFRICAINE
PASSEPORT

Südsudan
Republik Südsudan

★ Juba

Präsidialrepublik (Übergangsverfassung)

12.340.000

620.000 km²
(Grenzverlauf noch nicht endgültig)

20

BNE 790 $

BIP 9 Mrd. $

S Arabisch, Englisch

↑ 87/38

Seit 2011 unabhängig vom Sudan; intern Bürgerkrieg zwischen verschiedenen Stämmen, Massenflucht, Hungerkatastrophe in der Region Darfur. Mit internationaler Hilfe vermitteltes Friedensabkommen brüchig. Laut Amnesty International sind Kinderheiraten weit verbreitet.

REPUBLIC
OF
SOUTH SUDAN
PASSPORT

Äquatorialguinea
Republik Äquatorialguinea

★ Malabo

🏛 Präsidialrepublik

👥 850.000

▱ 28.000 km²

👪 30

BNE 12.820 $

BIP 12,2 Mrd. $

S Französisch, Portugiesisch, Spanisch

↑ 80 / 46

Ein Teil des Staatsgebiets liegt südlich des Äquators (Insel), ein Teil nördlich; der Äquator schneidet das Land also nicht. Große Erdölvorkommen vor der Küste, Gewinne gehen aber an kleine Clique um politische Machthaber; keine Rechtssicherheit.

REPUBLICA
DE
GUINEA ECUATORIAL
PASAPORTE

Gabun
Gabunische Republik

★ Libreville

Präsidialrepublik, Demokratie

1.730.000

267.700 km²

6

BNE 9.200 $

BIP 14,3 Mrd. $

S Französisch

75 / 51

Äußerst dünn besiedelt, 40 Sprachen; Urwaldklinik von Albert Schweitzer in Lambaréné; Holz-, Textil- und Papierindustrie. In Deutschland bekanntester Gabuner: Fußballstar Pierre-Emerick Aubameyang.

REPUBLIQUE
GABONAISE
UNION
TRAVAIL
JUSTICE
PASSEPORT
PASSPORT

Republik Kongo

★ Brazzaville

Präsidialrepublik

4.620.000

342.000 km²

14

BNE 2.540 $

BIP 8,6 Mrd. $

S Französisch

81/45

Hauptstadt Brazzaville am Malebo-„See“ (Verbreiterung des Kongo) gegenüber Kinshasa, Durchschnittsalter der Kongolesen: 19,6 Jahre, 98 % dem Bantu-Stamm angehörig. Mehrheit christlich. Hohe Unterernährungsrate. Tropischer Regenwald.

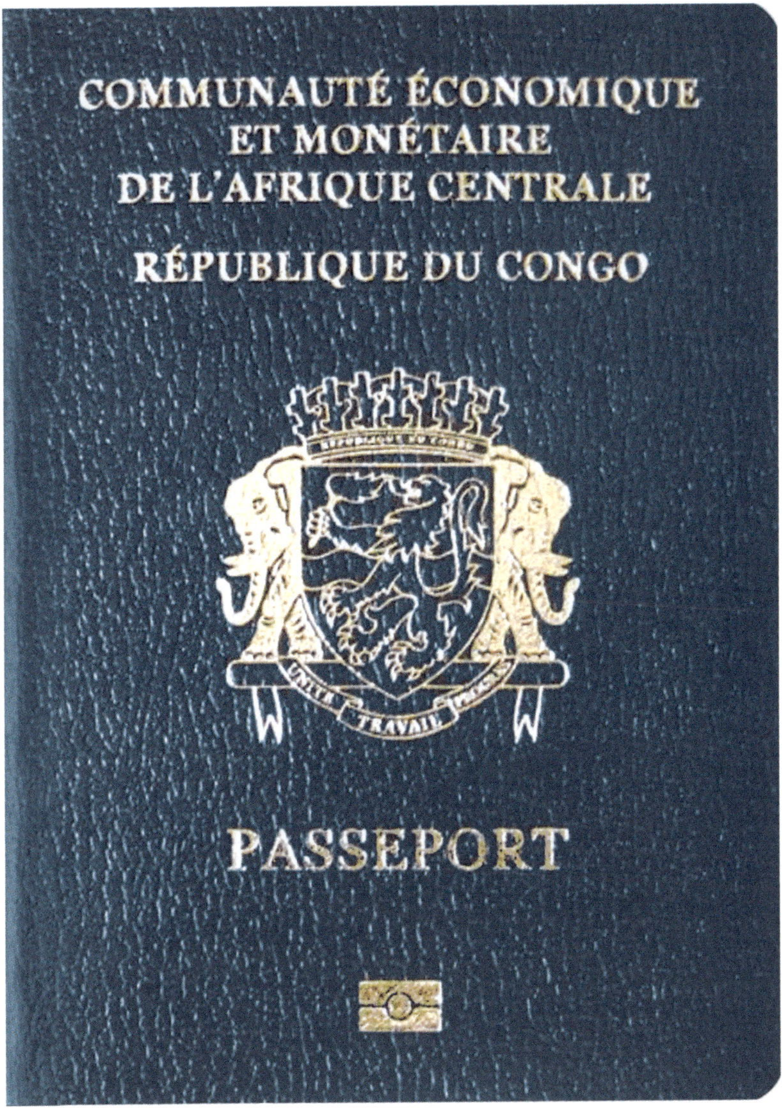
COMMUNAUTÉ ÉCONOMIQUE
ET MONÉTAIRE
DE L'AFRIQUE CENTRALE
RÉPUBLIQUE DU CONGO
TRAVAIL
PASSEPORT

Demokratische Republik Kongo

★ Kinshasa

Präsidialrepublik

77.270.000

2.344.900 km²

33

BNE 410 $

BIP 35,2 Mrd. $

S Französisch

84 / 42

1971–97 „Zaire“ (Terrorregime mit Selbstbereicherung unter Diktator Mobutu, einst Assistent von P. Lumumba, der das Land in die Unabhängigkeit führte; mit westlicher Hilfe ermordet). Hauptstadt Kinshasa am Malebo-„See“ gegenüber von Brazzaville.

République Démocratique
du Congo
JUSTICE
TRAVAIL
PAIX
PASSEPORT

Uganda
Republik Uganda

★ Kampala
🏛 Präsidialrepublik im Commonwealth

👥 39.030.000
▱ 241.600 km²
👪 162
BNE 700 $
BIP 27,5 Mrd. $
S Englisch
↑ 66 / 60

Anteile am Victoriasee; Urwälder, Savanne; 40 verschiedene Ethnien mit etwa ebenso vielen Sprachen. Seit 1962 unabhängig von GB, dann Terrorregimes unter Milton Obote und Idi Amin, schwerste Menschenrechtsverletzungen, Kriege gegen Nachbarstaaten.

Republic of
UGANDA
FOR GOD AND MY COUNTRY
PASSPORT

Kenia
Republik Kenia

★ Nairobi

Präsidialrepublik im Commonwealth

46.050.000

582.600 km²

79

BNE 1.340 $

BIP 63,4 Mrd. $

S Englisch, Swahili

↑ 58 / 68

Größtes BIP in Südost- und Zentralfrika; Tourismusbasis: Nationalparks. Weit über die Hälfte der Bevölkerung im Agrarsektor tätig, aber nur 20 % des Bodens nutzbar; Kaffee, Tee, Sisal, Rosen (seit 2003 weltweit größter Blumenexporteur!).

REPUBLIC OF
KENYA
PASSPORT

Ruanda
Republik Ruanda

★ Kigali

Präsidialrepublik im Commonwealth

11.610.000

26.400 km²

440

BNE 700 $

BIP 8,1 Mrd. $

S Englisch, Französisch, Kinyarwanda

↑ 74 / 52

Nachbarland Burundis. Genozid der Hutu an den Tutsi, Aufarbeitung noch im Gang. „Land der tausend Hügel", einst von Armut, heute von wirtschaftlichen Erfolgen geprägt; es fehlen aber Pressefreiheit, freie Wahlen und Freiheit der Opposition.

REPUBLIKA Y'U RWANDA
REPUBLIC OF RWANDA

Burundi
Republik Burundi

★ Bujumbura

Präsidialrepublik

11.180.000

27.800 km²

402

BNE 260 $

BIP 3,1 Mrd. $

S Französisch, Kirundi

80 / 46

Fast die Hälfte der Bürger jünger als 15, Durchschnittsalter 16,7 Jahre! Eines der kleinsten und am dichtesten besiedelten Länder Afrikas. Volks- und Sprachengemeinschaft der Rundi aus 85 % Hutu und 14 % Tutsi. Menschenrechtslage problematisch.

REPUBLIKA Y'UBURUNDI
REPUBLIQUE DU BURUNDI
REPUBLIC OF BURUNDI
UNITE·TRAVAIL·PROGRES
IKITABU C'INZIRA
PASSEPORT DE SERVICE
SERVICE PASSPORT

Tansania
Vereinigte Republik Tansania

Dodoma

Zentralstaatlich regierte Präsidialrepublik im Commonwealth (Sansibar teilautonom)

53.470.000

947.300 km^2

56

BNE 920 $

BIP 45,6 Mrd. $

S Englisch, Swahili

62 / 64

Ländername setzt sich zusammen aus den Namen der Regionen TANganjika, SAnsibar und AzaNIA; 125 (!) Sprachen, von Bantu- über arabische bis zu indischen Sprachen; Anteile an Victoria-, Tanganjika- und Malawisee (die drei größten Seen Afrikas) und am höchsten Berg Afrikas.

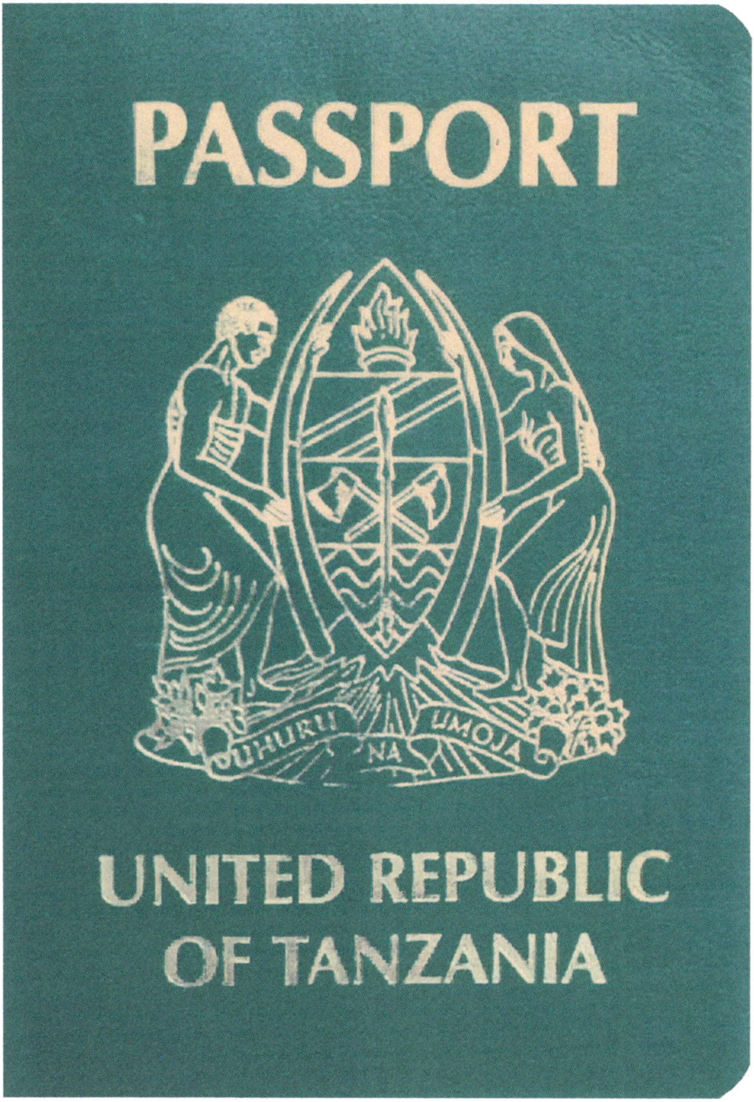
PASSPORT
UHURU
NA
UMOJA
UNITED REPUBLIC
OF TANZANIA

Angola
Republik Angola

★ Luanda
🏛 Präsidialrepublik

25.020.000
1.246.700 km²
20
BNE 4.180 $
BIP 102,6 Mrd. $
S Portugiesisch
↑ 80 / 46

Früher portugiesische Kolonie, heute erdölreiche Diktatur; landesweit herrscht himmelschreiende Armut; die Führungsclique hortet ungeheure Reichtümer in der Hauptstadt Luanda, einer der weltweit teuersten Städte.

REPÚBLICA DE ANGOLA
REPÚBLICA DE ANGOLA
PASSAPORTE

Sambia
Republik Sambia

★ Lusaka

Präsidialrepublik im Commonwealth

16.210.000

752.600 km²

22

BNE 1.490 $

BIP 21,2 Mrd. $

S Englisch

64 / 62

Hochplateaus mit vielen Fluss-Systemen: Victoriafälle des Flusses Sambesi (Namensgeber), Kongo, viele Wasserfälle; 20 Nationalparks; unter Staaten mit höchster HIV-Rate weltweit.

Republic of
ZAMBIA
ONE ZAMBIA ONE NATION
PASSPORT

Malawi
Republik Malawi

★ Lilongwe

Präsidialrepublik im Commonwealth

17.220.000

118.500 km²

145

BNE 340 $

BIP 6,4 Mrd. $

S Chichewa, Englisch

59 / 67

Binnenstaat am Malawisee, dem drittgrößten See Afrikas; Einwohner: diverse Bantu-Völker, fast 12 % der Erwachsenen HIV-positiv. Schon vor zwei Millionen Jahren von Gattung „homo“ besiedelt; einer der ärmsten Staaten der Welt; verbreitet Korruption.

REPUBLIC OF
MALAWI
UNITY AND FREEDOM
PASSPORT

Mosambik
Republik Mosambik

★ Maputo

Präsidialrepublik im Commonwealth, Demokratie

27.980.000

799.400 km²

35

BNE 590 $

BIP 14,8 Mrd. $

S Portugiesisch

↑ 74 / 52

Seit 1975 unabhängig von Portugal; viel Kriminalität in den Städten; vor den Küsten Fälle von Piraterie; mehrheitlich Bantu-Völker; eine der höchsten HIV-Raten der Welt. Tropische Stürme (bis Zyklonstärke). Hauptsächlich Trockensavanne.

REPÚBLICA
DE
MOÇAMBIQUE
PASSAPORTE
PASSPORT

Namibia
Republik Namibia

★ Windhuk

Präsidialrepublik im Commonwealth, Demokratie

2.460.000

824.300 km²

3

BNE 5.190 $

BIP 11,5 Mrd. $

S Englisch

↑ 60 / 66

Zählt zu den ältesten Teilen der Erdkruste. Stabile parlamentarische Demokratie; Agrarsektor, Tourismus, Bergbau (Uran, Gold, Silber und „unedle" Metalle). Grenzt an Botswana und Kalahari-Savanne; Sanddünen der Namib-Wüste (bis 400 m) unter höchsten der Welt.

REPUBLIC OF
NAMIBIA
UNITY
LIBERTY
JUSTICE
PASSPORT

Botsuana
Republik Botsuana

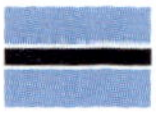

★ Gaborone

Präsidialrepublik im Commonwealth

2.260.000

581.700 km²

4

BNE 6.460 $

BIP 14,4 Mrd. $

S Englisch

↑ 55 / 72

Transparency International: niedrigste Korruptionsrate Afrikas. Gute Entwicklung seit der Unabhängigkeit von Großbritannien 1966. Für Umgebung vorbildliches Gesundheitssystem, aber fast 20 % der Erwachsenen HIV-positiv. Wichtiger Tourismus durch die Nationalparks.

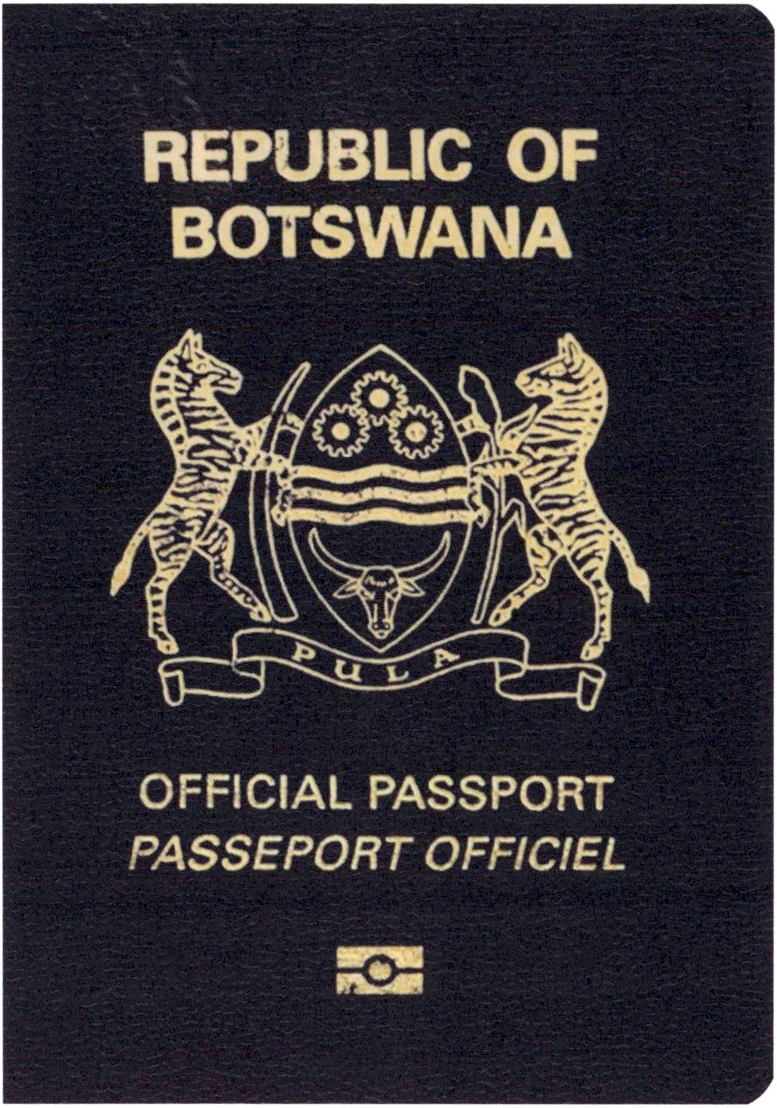
REPUBLIC OF
BOTSWANA
PULA
OFFICIAL PASSPORT
PASSEPORT OFFICIEL

Simbabwe
Republik Simbabwe

★ Harare

Präsidialrepublik

15.600.000

390.700 km²

40

BNE 860 $

BIP 14,4 Mrd. $

S Englisch

65 / 61

Trockensavanne zum Hauptteil, Affenbrot- und Leberwurstbäume; de-facto-Diktator Mugabe bekämpft innenpolitische Rivalen, außenpolitisch wirken Sanktionen gegen Regime, katastrophale Wirtschaftslage. Bei Glücksindex stets auf letzten Plätzen weltweit.

ZIMBABWE
UNITY · FREEDOM · WORK
PASSPORT

Südafrika
Republik Südafrika

★ Pretoria

Präsidialrepublik im Commonwealth, Parlamentarische Demokratie

54.960.000

1.219.100 km²

45

BNE 6.080 $

BIP 314,6 Mrd. $

S Englisch, Afrikaans, Ndebele Nordsotho, Südsotho, Setswana, Swati, Tsonga, Venda, Xhosa, Zulu

↑ 48 / 93

Am weitesten entwickelte Wirtschaft Afrikas, zählt zu G-20-Staaten; nach 1945 jahrzehntelange Rassentrennung, mit ersten freien Wahlen 1994 überwunden. „Regenbogennation" aus vielerlei Abstammungen, 2010 Gastgeber der 1. Fußball-WM in Afrika; großartige Natur.

REPUBLIC OF
SOUTH AFRICA
REPUBLIQUE
D'AFRIQUE DU SUD
PASSPORT
PASSEPORT

Lesotho
Königreich Lesotho

★ Maseru

Parlamentarische Monarchie im Commonwealth

2.140.000

30.300 km²

71

BNE 1.280 $

BIP 2,3 Mrd. $

S Englisch, Sesotho

↑ 57 / 69

Ganz von Südafrika umgeben, sechs von zehn Bürgern sind Bauern; Armut, wenig Vegetation, im Hochland (Drakensbergen) im Sommer (November bis März) 30 °, im Winter bis -15 °; Staatschef König Letsie III.

KINGDOM OF
LESOTHO
KHOTSO - PULA - NALA
PASSPORT
PASSEPORT

Swasiland
Königreich Swasiland

★ Mbabane

🏛 Absolute Monarchie im Commonwealth

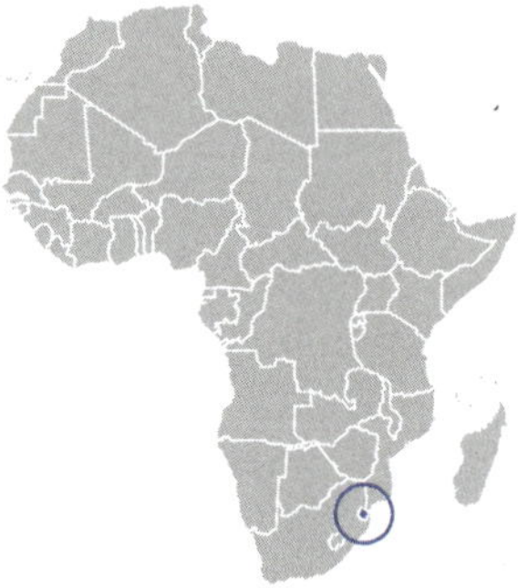

👥 1.290.000

▱ 17.400 km²

👥 74

BNE 3.280 $

BIP 4,1 Mrd. $

S Siswati (isiZulu)

↑ 59 / 67

Zwischen Mosambik und Südafrika gelegen, de facto absolute Monarchie. König („Löwe" genannt) ist Oberhaupt der drei Staatsgewalten, seine Mutter („Elefantenmutter" genannt) seine Stellvertreterin; König ernennt auch Regierungschef und lebt selbst im Luxus (acht Mercedeslimousinen).

Kingdom of Swaziland
Royaume de Swaziland
(ESWATINI)
SIYINQABA
PASSPORT
PASSEPORT

Kap Verde
Republik Cabo Verde

★ Praia

Republik, Semipräsidentiale parlamentarische Demokratie

520.000

4.040 km²

129

BNE 3.280 $

BIP 1,6 Mrd. $

S Portugiesisch

63 / 63

Neun bewohnte Vulkaninseln fast 600 km vor afrikanischer Atlantikküste; vor ihrer Entdeckung durch die Portugiesen 1456 nicht besiedelt, Bevölkerung aus Nachfahren europäischer Siedler und afrikanischer Sklaven; Einwanderung aus Portugal, Auswanderung wegen Hungersnöten.

REPÚBLICA
DE
CABO VERDE
REPÚBLICA DE CABO VERDE
PASSAPORTE

São Tomé und Príncipe
Demokratische Republik
São Tomé und Príncipe

★ São Tomé

Präsidialrepublik, Demokratie

190.000

1.000 km²

190

BNE 1.760 $

BIP 0,3 Mrd. $

S Portugiesisch

↑ 70 / 56

„Hl. Thomas und Fürst"; nach Seychellen zweitkleinster Staat Afrikas; erzielt 40 % der Einkünfte aus mit Nigeria verwalteten Offshore-Bohrlizenzen (Erdöl). Von Malaria betroffen. Meeresfauna mit mehreren Arten von Delfinen und Walen; feucht-heißes Klima.

REPÚBLICA DEMOCRÁTICA
DE SÃO TOMÉ E PRÍNCIPE
PASSAPORTE

Komoren
Union der Komoren

★ Moroni

Bundesrepublik, Präsidialsystem

790.000

1.860 km²

425

BNE 780 $

BIP 565,7 Mrd. $

S Französisch, Komorisch

↑ 76 / 50

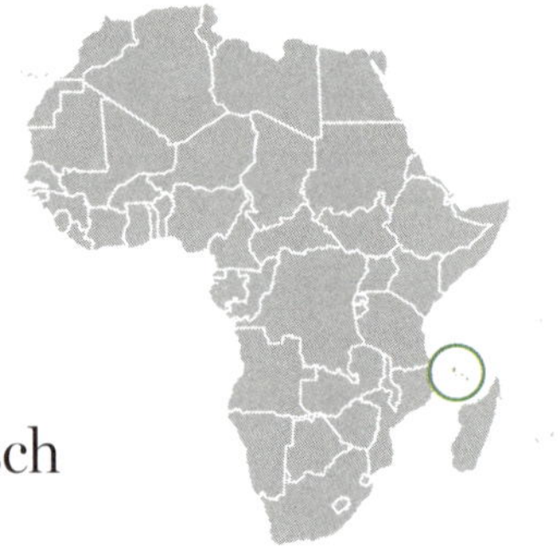

Inselstaat im Indischen Ozean zwischen Madagaskar und Mosambik; die vierte Hauptinsel „Mayotte“ ist französisch, aber von „Union der Komoren“ beansprucht; mehrheitlich muslimische Bevölkerung ostafrikanischer oder arabischer Abstammung.

UNION DES COMORES
جمهورية القمر المتحدة
UNITE SOLIDARITE DEVELOPPEMENT
PASSEPORT
جواز سفر

Seychellen
Republik Seychellen

★ Victoria

Präsidialrepublik im Commonwealth

90.000

450 km²

200

BNE 14.760 $

BIP 1,4 Mrd. $

S Englisch, Französisch, Seselwa (Kreolisch)

↑ 26 / 128

Inselgruppe vor ostafrikanischer Küste, nördlich von Madagaskar; drei Arten Riesenschildkröten, zahllose weitere endemische Tierarten; Teile gehören zum UNESCO-Weltnaturerbe (eigens dafür gegründet); reiche Vogelwelt – manche Arten gibt es nur hier.

Republic of Seychelles
République des Seychelles
FINIS CORONAT OPUS
PASSPORT
PASSEPORT

Madagaskar
Republik Madagaskar

★ Antananarivo

Präsidialrepublik, Demokratie

24.240.000

587.000 km²

41

BNE 420 $

BIP 9,7 Mrd. $

S Französisch, Madagassisch

↑ 75 / 51

Nach Indonesien flächenmäßig zweitgrößter Inselstaat der Welt. Im ersten Jahresdrittel regelmäßig Wirbelstürme, reiche Tier- und Pflanzenwelt, Infektionskrankheiten (Reisenden werden grundlegende Impfungen empfohlen); Staat und Bürger sehr arm.

Repoblikan'i
Madagasikara
REPOBLIKAN'I MADAGASIKARA
Pasipaoro
Passeport
Passport

Mauritius
Republik Mauritius

★ Port Louis

Republik im Commonwealth, Parlamentarische Demokratie

1.260.000

2.040 km²

618

BNE 9.780 $

BIP 11,7 Mrd. $

S Englisch

↑ 31/121

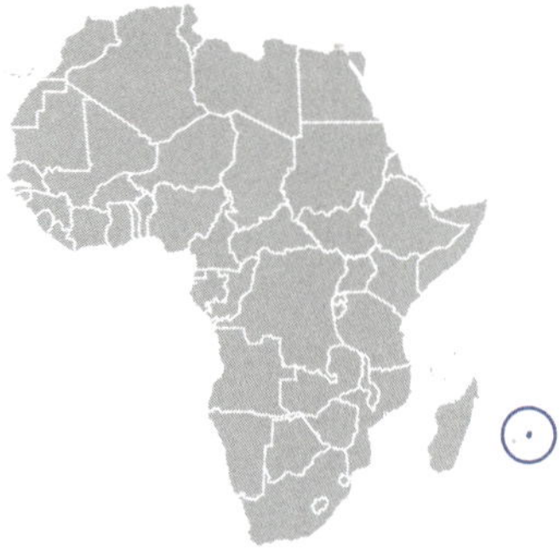

Inseln im indischen Ozean, wegen „verkehrter" Jahreszeiten beliebt bei Europäern. Vor Besiedlung ab 1598 lebten dort nur Flughunde, erst der Mensch schleppte Ratten und Mäuse ein, Mangusten, Affen und Niederwild. Mehr als 100 Vogelarten, ca. 15 Tropenstürme jährlich.

Republic of Mauritius
Passport

As

ien

Syrien
Arabische Republik Syrien

★ Damaskus

Sozialistische Volksrepublik mit Präsidialsystem

18.500.000
(zuverlässige Angaben fehlen)

185.200 km²

100

BNE 1.860 $ (2007)

BIP 40,4 Mrd. $ (2007)

S Arabisch

↑ 90 / 31

Bis März 2017 fünf Millionen Menschen vor Bürgerkrieg ins Ausland geflüchtet, weitere sechs Millionen in Syrien auf der Flucht; von Moskau und Iran gestütztes Assad-Regime kämpft gegen diverse Rebellengruppen und die islamistische Terrorgruppe IS.

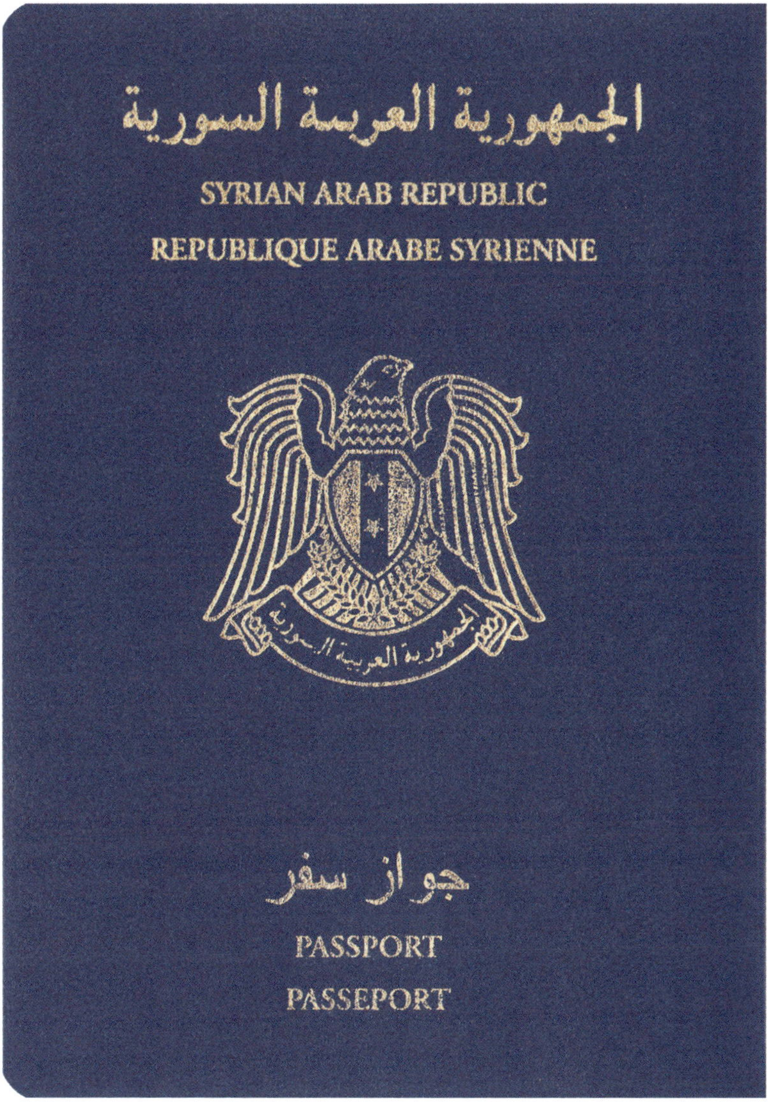
الجمهورية العربية السورية
SYRIAN ARAB REPUBLIC
REPUBLIQUE ARABE SYRIENNE
الجمهورية العربية السورية
جواز سفر
PASSPORT
PASSEPORT

Libanon
Libanesische Republik

★ Beirut

🏛 Republik, Parlamentarische Demokratie

5.850.000

10.500 km²

557

BNE 7.710 $

BIP 47,1 Mrd. $

S Arabisch

↑ 87/38

„Zedernstaat" (Baum in Landesflagge und im Land weit verbreitet); Hauptstadt Beirut (jeder zweite Libanese lebt hier) einst „Paris des Ostens", Zerstörungen in Jahrzehnten des Bürgerkriegs zwischen Vertretern von Syrien und Iran sowie Palestinensern gegen Israel.

الجمهورية اللبنانية
REPUBLIQUE LIBANAISE
REPUBLIC OF LEBANON
جواز سفر
PASSEPORT
PASSPORT

Israel
Staat Israel

Jerusalem

Republik, Parlamentarische Demokratie

8.380.000

20.800 km^2

403

BNE 35.770 $

BIP 299,4 Mrd. $

S Arabisch, Hebräisch

19 / 138

Einzige Demokratie westlicher Prägung im Nahen bzw. Mittleren Osten, mit USA als Schutzmacht. Den Zustrom jüdischer Flüchtlinge (insbesondere aus Nazi-Deutschland) empfanden die Palästinenser als Provokation; bis heute: „Nahostkonflikt“.

מדינת ישראל
STATE OF ISRAEL
ישראל
דרכון
PASSPORT

Palästinensische Autonomiegebiete Westjordanland und Gaza

★ Ramallah

Teilautonomie mit eigenem Parlament und Präsidenten

4.420.000

6.020 km²

734

BNE 3.090 $ (2014)

BIP 12,7 Mrd. $

S Arabisch

↑ 86 / 39

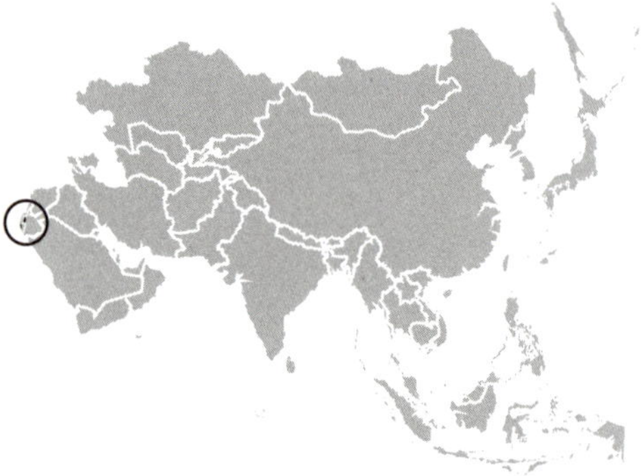

Eine der am dichtesten besiedelten Regionen der Erde; die Hälfte der Bevölkerung extrem arm. Terroranschläge beantwortet Israel mit Bomben auf Häuser mutmaßlicher Attentäter. Staatsgebiet aufgeteilt in Westbank, Ost-Jerusalem und Gaza-Streifen.

السلطة الفلسطينية
THE PALESTINIAN
AUTHORITY
السلطة الفلسطينية
جواز سفر
PASSPORT
TRAVEL DOCUMENT

Jordanien
Haschemitisches Königreich Jordanien

★ Amman

Konstitutionelle Monarchie

7.590.000

89.300 km²

85

BNE 4.680 $

BIP 37,5 Mrd. $

S Arabisch

79 / 47

Erbmonarchie; schon der Vater des derzeitigen Königs fand Kurs friedlicher Nachbarschaft zu Israel. Ca. zwei Millionen Palästinenser leben hier; Flüchtlingszustrom (durch Kriege mit Israel, beide Golfkriege gegen Irak und Bürgerkrieg in Syrien).

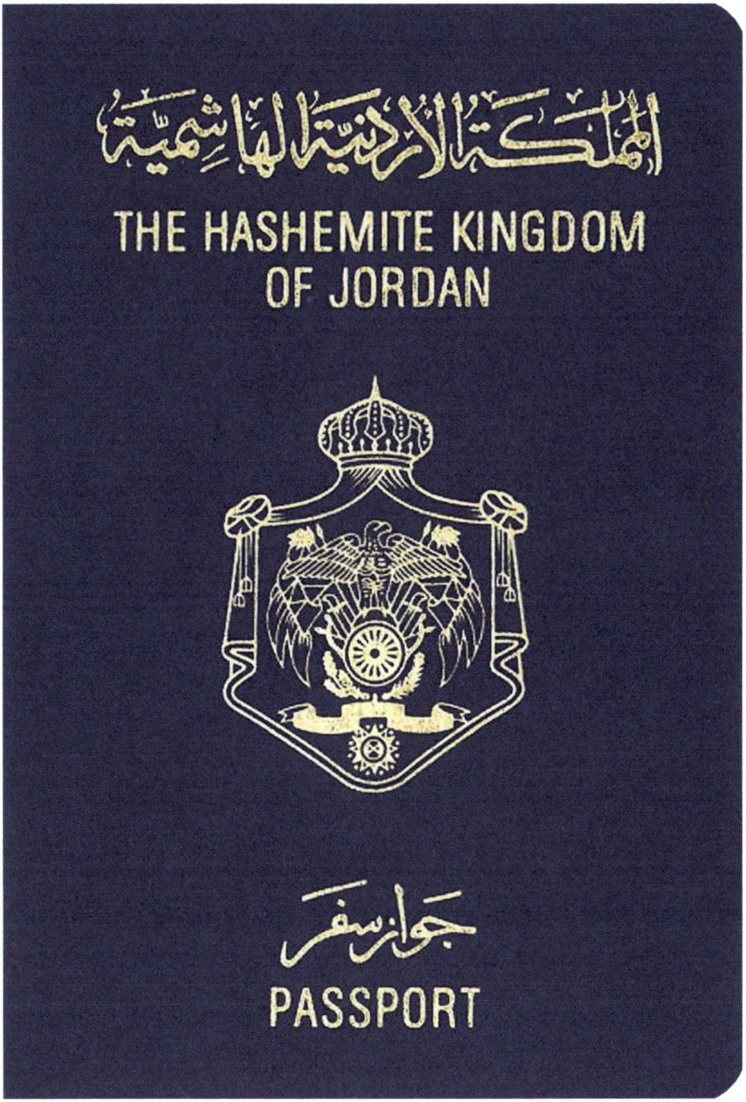
المملكة الأردنية الهاشمية
THE HASHEMITE KINGDOM
OF JORDAN
جواز سفر
PASSPORT

Saudi-Arabien
Königreich Saudi-Arabien

Riad

Absolute Monarchie auf religiöser Grundlage

31.540.000

2.149.700 km²

15

BNE 23.550 $

BIP 646 Mrd. $

S Arabisch

57 / 69

Strategisch wichtig für den Westen, absolutistisches Königshaus nennt sich Hüter der heiligen Stätten Mekka und Medina, es herrscht uralte Auslegung der Scharia, Menschenrechtsverletzungen an der Tagesordnung, Erdöl-Macht, Gastarbeitergestützte Arbeitswelt.

المملكة العربية السعودية
KINGDOM OF SAUDI ARABIA
عضو جامعة الدول العربية
جواز سفر
PASSPORT

Jemen
Republik Jemen

Sanaa

Präsidialrepublik

26.830.000

528.100 km²

51

BNE 1.140 Mrd. $

BIP 37,7 $

S Arabisch

88 / 37

Im Süden der arabischen Halbinsel, Zugang zu Rotem und Arabischem Meer; schiitische Huthi-Rebellen, Unterstützer des Ex-Präsidenten und al-Qaida-Restgruppen kämpfen gegen Regierung; Saudi-Arabien und acht weitere Staaten griffen ein, seither Krieg.

الجمهورية اليمنية
REPUBLIC OF YEMEN
جواز سفر
PASSPORT

Oman
Sultanat Oman

★ Maskat

Monarchie

4.490.000

309.500 km²

15

BNE 16.910 $

BIP 69,8 Mrd. $

S Arabisch

↑ 56 / 71

Ölreiche absolute Monarchie; betreibt „Omanisierung“, d.h. Ersatz der Gastarbeiter durch Einheimische, drei Viertel der Bevölkerung sind Ibaditen (sie bilden nur hier die Mehrheit, sind weder sunnitisch noch schiitisch, sondern eine eigene islamische Rechtsschule).

سلطنة عمان
SULTANATE OF OMAN
جواز سفر
PASSPORT

Vereinigte Arabische Emirate

★ Abu Dhabi

Föderation von sieben autonomen Emiraten

9.160.000

83.600 km²

110

BNE 43.090 $

BIP 370,3 Mrd. $

S Arabisch

↑ 28 / 125

Dubai und Abu Dhabi („Vater der Gazelle") international bekannt, dazu zählen noch die Emirate Sharja, Ajman, Umm Al Qaiwain („Mutter zweier Mächte"), Ras Al Khaimah („Zeltspitze") und Fujairah; Öl, Gas, Finanzdienstleistungen, Bau- und Immobiliensektor.

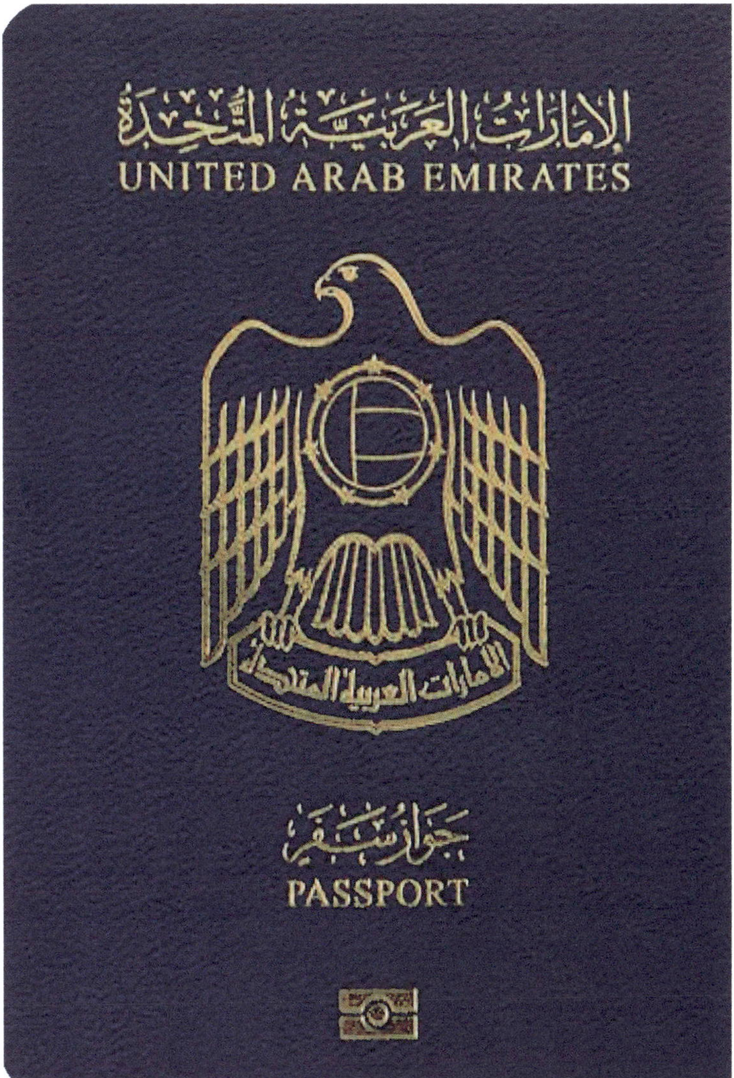
الإمارات العربية المتحدة
UNITED ARAB EMIRATES
جواز سفر
PASSPORT

Katar
Staat Katar

★ Doha

Konstitutionelle Monarchie mit beratender Versammlung

2.240.000

11.400 km²

196

BNE 83.990 $

BIP 164,6 Mrd. $

S Arabisch

↑ 51/78

Erbmonarchie (Rechtsbasis Scharia); eines der trockensten Länder weltweit; „Salzpfannen“, Trinkwasser muss entsalzt werden; nur jeder siebte Bürger Inländer; Missachtung der Menschenrechte (Frauen/Gastarbeiter); verkauft Öl, Erdgas; Ruhezonen für US-Armee.

دولة قطر
STATE OF QATAR
State of Qatar
جواز سفر
PASSPORT

Bahrain
Königreich Bahrain

★ Manama

🏛 Konstitutionelle Monarchie

👫 1.380.000

▱ 720 km²

👪 1.917

BNE 19.840 $

BIP 31,1 Mrd. $

S Arabisch

↑ 53 / 75

33 Inseln im Persischen Golf, Staatsgebiet (erweitert durch Aufschüttungen) etwa so groß wie Hamburg (ohne Umgebung). Wüstenklima; wenige Tierarten; etwa gleich viele Einheimische und Zuwanderer (vor allem Gastarbeiter).

مملكة البحرين
KINGDOM OF BAHRAIN
جواز سفر
PASSPORT

Kuwait
Staat Kuwait

★ Kuwait

Konstitutionelle Monarchie mit parlamentarischer Beteiligung

3.890.000

17.800 km²

219

BNE 42.150 $

BIP 114 Mrd. $

S Arabisch

↑ 50/84

Die Wüste „ad-Dibdiba“ macht fast das ganze Staatsgebiet aus, Erdölland, Schutzmacht USA, nach irakischer Invasion 1990/91 von westlicher „Golfkriegsallianz“ befreit. Nur etwa 30 % der Einwohner sind staatlich rundumversorgte Kuwaitis, Rest Gastarbeiter.

دولة الكويت
STATE OF KUWAIT
جواز سفر
PASSPORT

Irak
Republik Irak

★ Bagdad

Parlamentarische Bundesrepublik

36.420.000

438.300 km²

83

BNE 5.820 $

BIP 180,1 Mrd. $

S Arabisch, Kurdisch

↑ 91 / 28

Nach Krieg gegen Iran 1980–88 (die USA stützten damals Saddam Hussein) zweimal von den USA mit Krieg überzogen: nach der Besetzung Kuwaits 1990/91 und dann 2003. Ergebnisse: Ende des Saddam-Hussein-Regimes, dauerhafte Instabilität, islamistischer Terror. Erdöl-Großmacht.

جمهورية العراق
REPUBLIC OF IRAQ
جواز سفر
PASSPORT

Iran
Islamische Republik Iran

★ Teheran

Islamische Republik

79.110.000

1.648.000 km²

48

BNE 6550 $ (2014)

BIP 423,3 Mrd. $ (2014)

S Persisch (Farsi)

↑ 88 / 37

Schiitischer Gottesstaat, regiert vom „Wächterrat der Revolution“, die Ende der 1970er-Jahre den Schah vertrieb, sich von den USA ab- und der UdSSR zuwandte. Erdöl-Weltmacht. Nicht-arabische Nation, schiitische Richtung ist zweitgrößte Strömung des Islam.

گذرنامه
جمهوری اسلامی ایران
ISLAMIC REPUBLIC OF
IRAN
PASSPORT

Afghanistan
Islamische Republik Afghanistan

★ Kabul

Islamische Republik, Präsidialsystem

32.530.000

652.200 km²

50

BNE 610 $

BIP 19,3 Mrd. $

S Dari, Paschtu

↑ 93 / 24

Karges Hochplateau, wo die UdSSR Anfang der 1980er-Jahre ihr „Vietnam“ erlebte. In der Folge breiteten sich islamistische Regimes aus, die aber immer wieder von Warlord-Truppen der verschiedenen Landesregionen angegriffen werden.

دافغانستان اسلامي جمهوریت
پاسپورټ
جمهوری اسلامی افغانستان
پاسپورت
ISLAMIC REPUBLIC
OF AFGHANISTAN
PASSPORT

Pakistan
Islamische Republik Pakistan

★ Islamabad

Islamische Republik im Commonwealth, Parlamentarische Demokratie

188.920.000

796.100 km²

237

BNE 1.440 $

BIP 271,1 Mrd. $

S Urdu

↑ 92 / 27

Politisch schwer instabile Atommacht, pflegt Dauerfeindschaft mit Nachbar Indien, vor allem um die reiche Kaschmir-Region. Rückzugsgebiet von Taliban, al-Qaida- und IS-Kämpfern, immer wieder Staatsstreiche durch die Armee.

ISLAMIC REPUBLIC OF
PAKISTAN
اسلامی جمہوریہ پاکستان
PASSPORT پاسپورٹ

Indien
Republik Indien

★ Neu-Delhi

Laizistische Bundesrepublik im Commonwealth, Parlamentarische Demokratie

1.311.050.000

3.287.300 km²

399

BNE 1.600 $

BIP 2.095,4 Mrd. $

S Englisch,
Hindi + 22 Regionalsprachen

↑ 78 / 48

Nach China die zweite Nation von mehr als einer Milliarde Menschen, nennt sich selbst die „größte Demokratie der Welt"; über 100 Sprachen; größte Glaubensgruppen: Hindus, Muslime, Christen, Sikhs. Gesellschaft mit Kasten-System. Chaotische Megastädte.

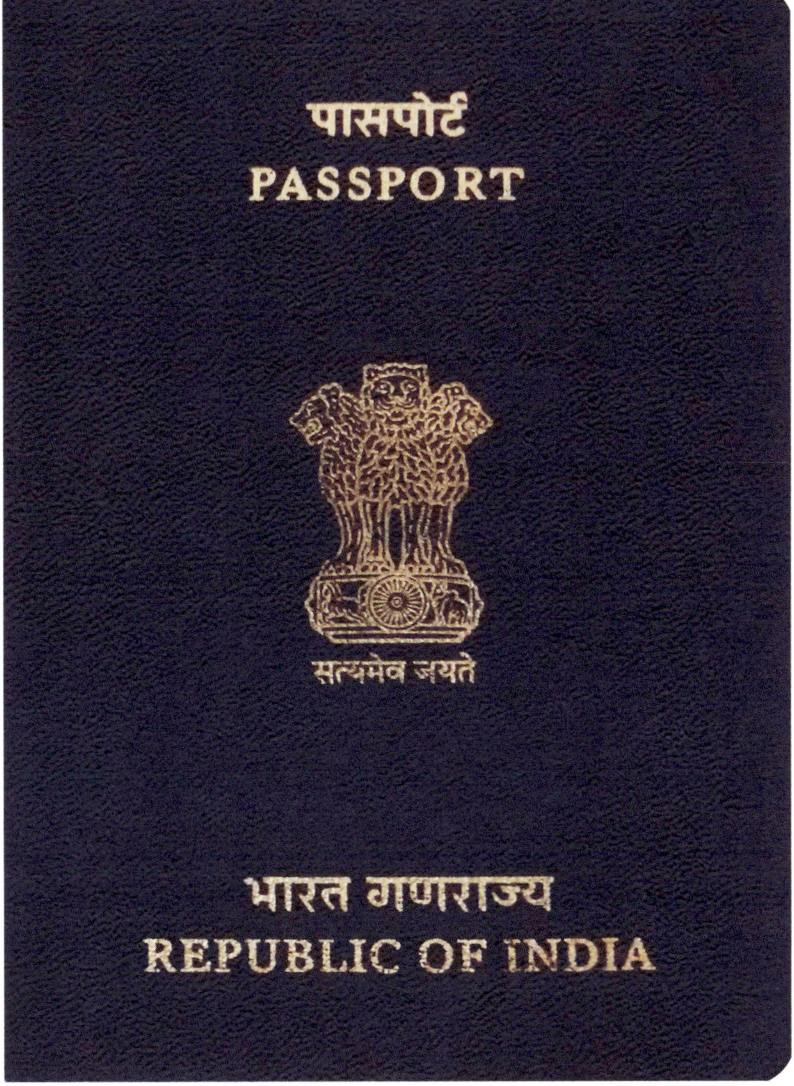
पासपोर्ट
PASSPORT
सत्यमेव जयते
भारत गणराज्य
REPUBLIC OF INDIA

Nepal
Demokratische Bundesrepublik Nepal

★ Kathmandu

Bundesrepublik, Demokratie

28.510.000

147.200 km²

194

BNE 730 $

BIP 21,2 Mrd. $

S Nepalesisch

↑ 88 / 37

Kasten-Gesellschaft mit 50 % Analphabeten; die „höchste“ Kaste (Brahmanen) erkennt 70 % der restlichen Bevölkerung nicht an. Zwischen China und Indien gelegen, hat Nepal Anteil an acht der höchsten zehn Berge der Welt (Himalaya); Hochalpin-Tourismus.

राहदानी
नेपाल
PASSPORT
NEPAL

Bhutan
Königreich Bhutan

★ Thimphu

Konstitutionelle Monarchie

770.000

38.400 km²

20

BNE 2.380 $

BIP 2,1 Mrd. $

S Dzongkha

↑ 76 / 50

Zwischen Indien und China, also Tibet, gelegen, etwa so groß wie die Schweiz, nur noch höhere Berge (Himalaya). Zwei Drittel des Landes bewaldet, reiche Tierwelt, Tiger-Sichtungen auf über 4.000 Meter. Zwei Berge, die noch nie ein Mensch bestiegen hat.

དཔལ་ལྡན་འབྲུག་གི་རྒྱལ་ཁབ།
KINGDOM OF BHUTAN
ལམ་ཡིག
PASSPORT

Bangladesch
Volksrepublik Bangladesch

★ Dhaka

Parlamentarische Republik im Commonwealth

161.000.000

147.600 km²

1.091

BNE 1.190 $

BIP 195,1

S Bengalisch

↑ 88 / 37

Das eigens für Muslime im Zuge der indischen Unabhängigkeit abgespaltene „Ost-Bengalen"; auch hier große Slums, Flut- und Hungerkatastrophen; lange angewiesen auf die Hilfe der UN, heute wirtschaftlich weit besser entwickelt, hauptsächlich durch Textilherstellung mit problematischen Niedriglöhnen.

পাসপোর্ট
PASSPORT
গণপ্রজাতন্ত্রী বাংলাদেশ
সরকার
গণপ্রজাতন্ত্রী বাংলাদেশ
People's Republic of Bangladesh

Malediven
Republik Malediven

★ Male

Präsidialrepublik im Commonwealth

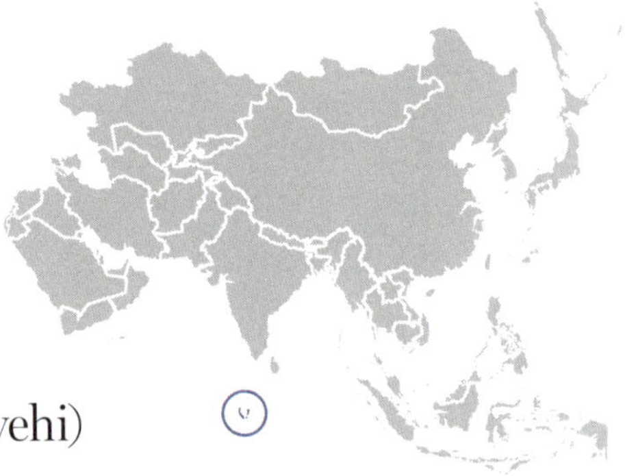

410.000

300 km²

1.367

BNE 6.950 $

BIP 3,4 Mrd. $

S Maldivisch (Divehi)

↑ 54 / 74

Name bedeutet „Inselkette“. 1.196 Inseln, davon 220 bewohnt, Fremdenverkehr auf knapp 90 weitere Inseln. Ganzjährig mildes, stabiles Tropenklima, selten Monsunstürme; sunnitischer Islam vorherrschend; Alphabetisierungsrate 99 %.

REPUBLIC OF MALDIVES
PASSPORT

Sri Lanka
Demokratische Sozialistische Republik Sri Lanka

★ Colombo

Präsidialrepublik im Commonwealth, Parlamentarische Demokratie

20.970.000

65.600 km²

320

BNE 3.800 $

BIP 82,3 Mrd. $

S Singhalesisch, Tamil

87/38

Tee, Kaffee, Kautschuk und Kokosnüsse bestimmen den Export. Heimat der Ayurveda-Heilkunst; inzwischen beliebte Ferieninsel, zuvor durch Bürgerkrieg zwischen tamilischen Rebellen und Zentralregierung politisch instabil.

ගමන් බලපත්‍රය
கடவுச்சீட்டு
PASSPORT
ශ්‍රී ලංකා ප්‍රජාතාන්ත්‍රික සමාජවාදී ජනරජය
இலங்கைச் சனநாயக சோசலிசக் குடியரசு
DEMOCRATIC SOCIALIST REPUBLIC OF SRI LANKA

Kasachstan
Republik Kasachstan

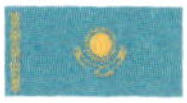

★ Astana
🏛 Präsidialrepublik

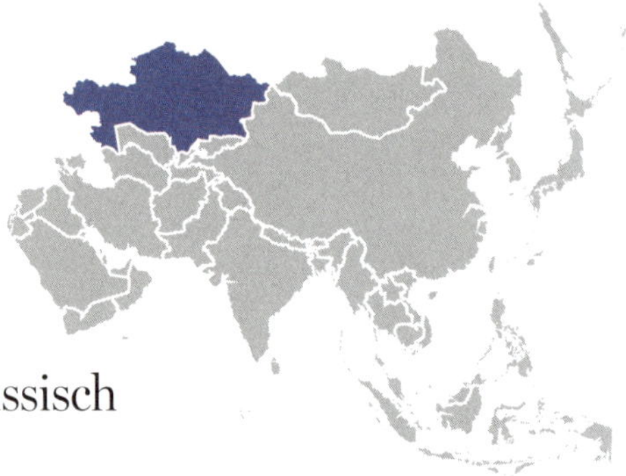

17.540.000
2.724.900 km²
6
BNE 11.390 $
BIP 184,4 Mrd. $
S Kasachisch, Russisch
↑ 57 / 69

Frühere Sowjetrepublik; Raumfahrtprogramm der UdSSR; der Bau und das Abschießen von Modellraketen werden immer noch als Volkssport betrieben: Wettbewerbe bis zu Weltmeisterschaften in großen Stadien.

ҚАЗАҚСТАН
РЕСПУБЛИКАСЫ
REPUBLIC OF
KAZAKHSTAN
ҚАЗАҚСТАН
ПАСПОРТ
PASSPORT

Turkmenistan

★ Asgabat
🏛 Präsidialrepublik

👥 5.370.000
▱ 488.100 km²
👪 11
BNE 7.380 $
BIP 35,9 Mrd. $
S Turkmenisch
↑ 77/47

Zentralasiatischer Staat am Kaspischen Meer; 95 % der Landesfläche sind Sand- und Geröllwüsten; extrem heiße, trockene Sommer und eiskalte Winter. Hauptsächlich muslimisch; Staatschef zugleich Präsident beider Parlamentskammern; Ex-Sowjetrepublik.

TÜRKMENISTAN
PASPORT
TURKMENISTAN
PASSPORT

Usbekistan
Republik Usbekistan

★ Taschkent

🏛 Präsidialrepublik

👥 31.300.000

▱ 447.400 km²

👪 70

BNE 2.160 $

BIP 66,7 Mrd. $

S Usbekisch

↑ 72 / 54

Mittelasiatischer Binnenstaat mit gemäßigtem Klima trotz großer Wüsten- und Steppengebiete, reiche Fauna und Flora; säkularer Staat. Wasserentnahme aus Amurdaia- und Syrdarjafluss führten zu Austrocknung des Aralsees und zu extremer Bodenversalzung.

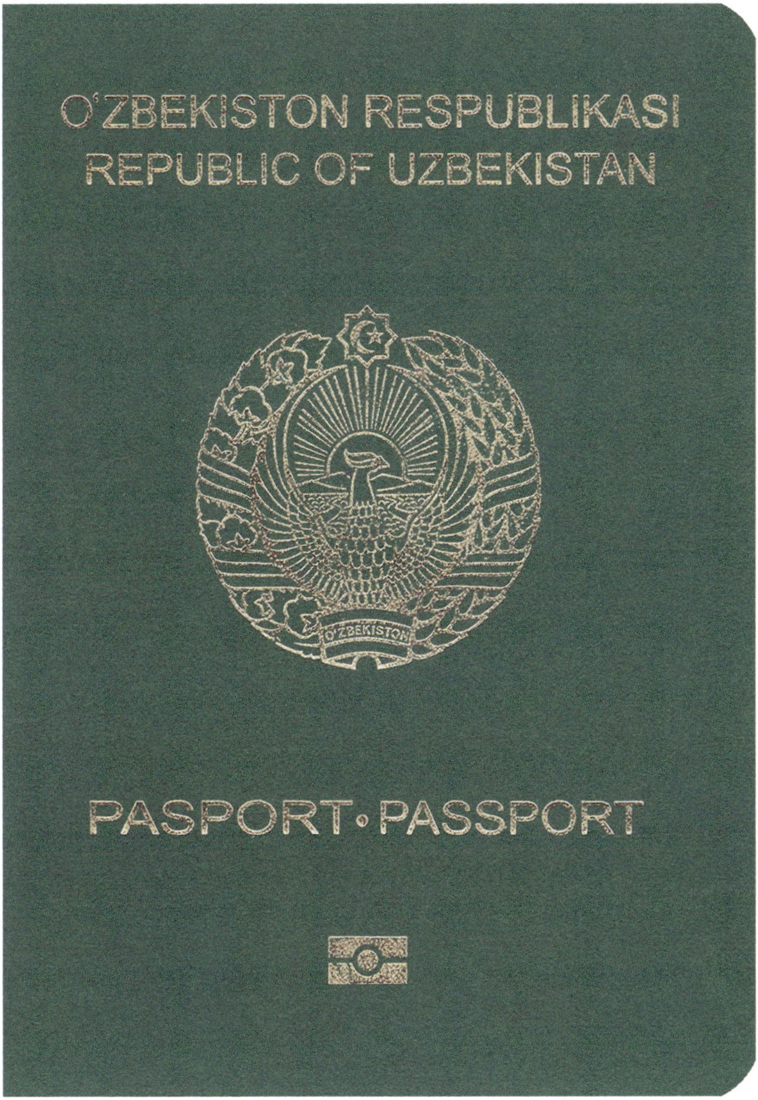
O'ZBEKISTON RESPUBLIKASI
REPUBLIC OF UZBEKISTAN
O'ZBEKISTON
PASPORT • PASSPORT

Kirgisistan
Kirgisische Republik

★ Bischkek

Parlamentarische Republik

5.960.000

199.900 km²

30

BNE 1.170 $

BIP 6,6

S Kirgisisch, Russisch

↑ 68 / 58

Frühere Sowjetrepublik, seit deren Kollaps unabhängig; größte Walnusswälder der Welt; nach „Tulpenrevolution“ 2005 Stärkung demokratischer Kräfte, Verfassung räumt dem Präsidenten viele Befugnisse ein, Justiz oft unter politischem Druck.

КЫРГЫЗ
РЕСПУБЛИКАСЫ
КЫРГЫЗСКАЯ РЕСПУБЛИКА
THE KYRGYZ REPUBLIC
КЫРГЫЗ
РЕСПУБЛИКАСЫ
ПАСПОРТ
ПАСПОРТ
PASSPORT

Tadschikistan
Republik Tadschikistan

★ Duschanbe

Präsidialrepublik

8.480.000

143.100 km²

59

BNE 1.280 $

BIP 7,9 Mrd. $

S Tadschikisch

↑ 72 / 54

Hauptreligion sunnitischer Islam; Rest gemischt, von „Siebentagsadventisten“ bis hin zu „Ismailiten“. Deutsche Minderheit stark zurückgegangen seit Ende der Sowjetunion; jedes vierte Mädchen beendet Pflichtgrundschule wegen geschlechtsspezifischer Diskriminierung nicht.

ҶУМҲУРИИ
ТОҶИКИСТОН
REPUBLIC OF TAJIKISTAN
ШИНОСНОМА
PASSPORT

Mongolei

★ Ulan-Bator

Republik, Parlamentarische Demokratie

2.960.000

1.564.100 km²

2

BNE 3.870 $

BIP 11,7 Mrd. $

S Mongolisch

↑ 68 / 58

Eines der am dünnsten besiedelten Länder der Erde. Nomadenvolk; riesige Rentierherden: aus den Geweihen stellt man für China Potenzmittel her; großes Alkoholproblem und große Denkmäler für Dschingis Khan.

MONGOLIA
PASSPORT

China
Volksrepublik China

★ Peking

🏛 Volksrepublik

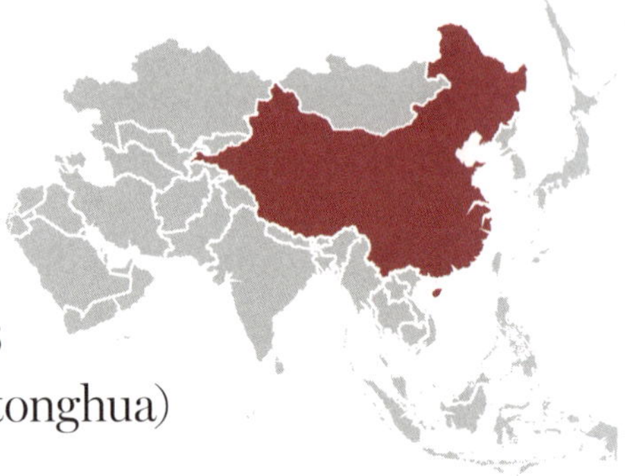

1.371.220.000

9.572.400 km²

143

BNE 7.930 $

BIP 11.007,7 Mrd. $

S Chinesisch (Putonghua)

↑ 70 / 56

Jeder sechste Mensch auf Erden lebt hier; regiert von der vermutlich einzigen wildwestkapitalistischen kommunistischen Partei der Welt; die Turbokonjunktur in den „Sonderwirtschaftszonen" geht einher mit immer noch weit verbreiteter Armut auf dem Land.

中华人民共和国
People's Republic of China
护 照
PASSPORT

Nordkorea
Demokratische Volksrepublik Korea

★ Pjöngjang

🏛 Volksrepublik

👥 25.150.000

⏢ 122.800 km²

👥 205

BNE k. A.

BIP k. A.

S Koreanisch

↑ 86 / 39

Nach 1948 von UdSSR zu kommunistischem Einheitsstaat ausgebaut. Zuzug aus östlichen Sowjetrepubliken; heute Terror-Diktatur; Personenkult um Führergestalt, Mangelwirtschaft, Hunger und Unterdrückung, Armee provoziert mit Raketentests.

조선민주주의인민공화국
DEMOCRATIC PEOPLE'S REPUBLIC OF
KOREA
려 권
PASSPORT

Südkorea
Republik Korea

★ Seoul

Präsidialrepublik

50.620.000

99.300 km²

510

BNE 27.450 $

BIP 1.377,9 Mrd. $

S Koreanisch

↑ 4 / 157

Ostasiatischer „Tigerstaat" schlechthin: nach dem Zweiten Weltkrieg schnelle Wirtschaftsentwicklung, unter US-Schutz nach Krieg gegen Nordkorea bzw. Sowjetunion zu kapitalistischer Demokratie ausgebaut; dicht besiedelt, Autobau, IT, TV, HiFi, Mikrochips.

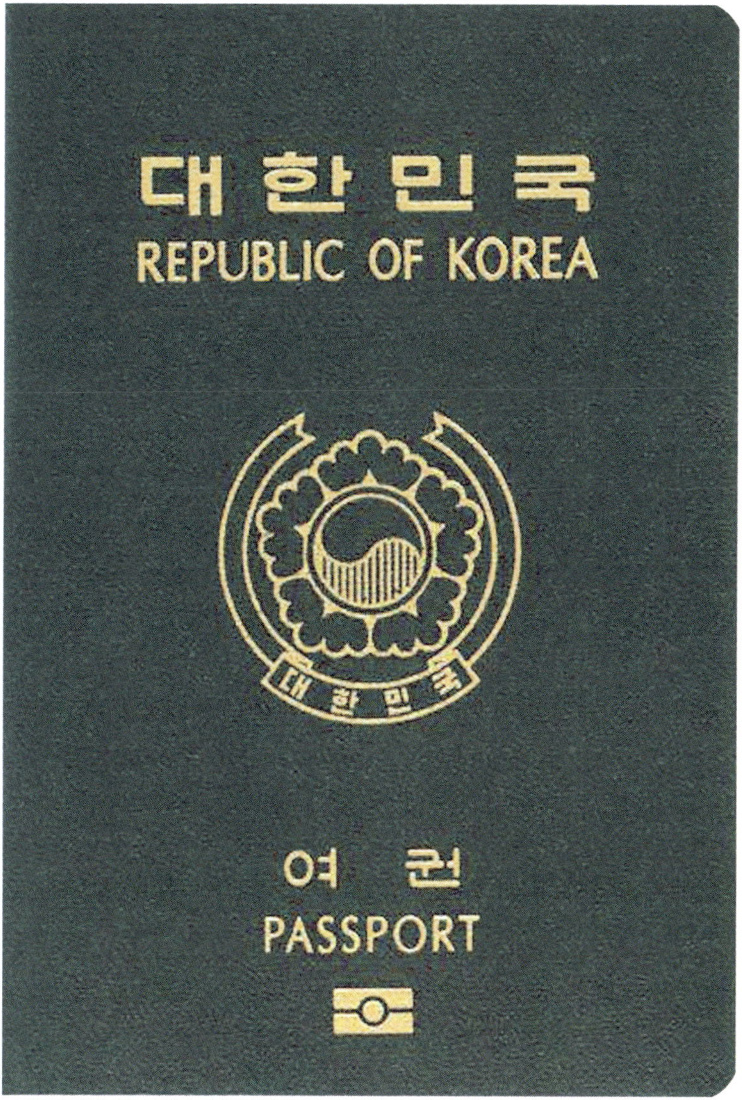
대한민국
REPUBLIC OF KOREA
대한민국
여권
PASSPORT

Japan

★ Tokio

Parlamentarische laizistische Monarchie, Demokratie

126.960.000

378.000 km²

336

BNE 38.840 $

BIP 4.383,1 Mrd. $

S Japanisch

5/156

Uraltes Kaiserhaus; seit Zweitem Weltkrieg, in dem Japan Verbündeter Nazi-Deutschlands war, westliche Demokratie. Lange führendes High-Tech-Land, heute wirtschaftlich wacklig; Reaktorunfall von Fukushima 2011 führte zum Ausstieg Deutschlands aus Atomenergie.

日本国
旅券
JAPAN
PASSPORT

Macau

★ Macau

Autonome Sonderverwaltungsregion der Volksrepublik China

580.000

24 km²

24.167

BNE 67.180 $

BIP 46,2 Mrd. $

S Chinesisch (Kantonesisch), Portugiesisch

↑ 33 / 118

Bis 1999 gehörte Macau zu Portugal. Portugiesisch ist Amtssprache geblieben. Fast 600.000 Menschen drängen sich hier auf nur knapp 24 km².

中華人民共和國
澳門特別行政區
REGIÃO ADMINISTRATIVA ESPECIAL DE MACAU
REPÚBLICA POPULAR DA CHINA
MACAO SPECIAL ADMINISTRATIVE REGION
PEOPLE'S REPUBLIC OF CHINA
護 照
PASSAPORTE
PASSPORT

Hongkong

★ Hongkong

Sonderverwaltungsregion der Volksrepublik China

7.310.000

1.100 km²

6.645

BNE 41.000 $

BIP 309,2

S Chinesisch (Kantonesisch, Mandarin), Englisch

↑ 18 / 140

China gewährt Hongkong, das wie Macau bis 1999 zu Portugal gehörte, ein hohes Maß an Autonomie; ausgenommen ist die Außen- und Verteidigungspolitik.

中華人民共和國
香港特別行政區
HONG KONG
SPECIAL ADMINISTRATIVE REGION
PEOPLE'S REPUBLIC OF CHINA
護照
PASSPORT

Taiwan
Republik China

★ Taipeh

🏛 Parlamentarische Republik,
Semipräsidentielles System

23.430.000

36.000 km²

651

BNE k. A.

BIP k. A.

S Chinesisch (Putonghua)

↑ 32 / 120

Die kleine Insel („Nationalchina") vor dem riesigen Rot-China war Zufluchtsort von Tschiang Kai-Scheck nach der Auseinandersetzung mit den Truppen von Mao Tse-tung. Vorher lebten in „Formosa" – so der frühere Name – keine Chinesen; Peking sieht Taiwan als sein Eigentum.

中華民國
REPUBLIC OF CHINA
TAIWAN
護照
PASSPORT

Myanmar
Republik der Union von Myanmar

★ Nay Pyi Taw

Präsidialrepublik mit starker Stellung des Militärs

53.900.000

676.600 km²

80

BNE 1.160 $

BIP 62,6 Mrd. $

S Myanmar

↑ 85 / 41

Früher „Birma"/„Burma". Kämpfe zwischen Rebellengruppen und Militärregierung, die zivilen Staatschef einsetzte, Demokratisierung stockt dennoch, ethnische Spannungen, mehrheitlich buddhistisch, häufig Naturkatastrophen durch Monsun und Erdbeben.

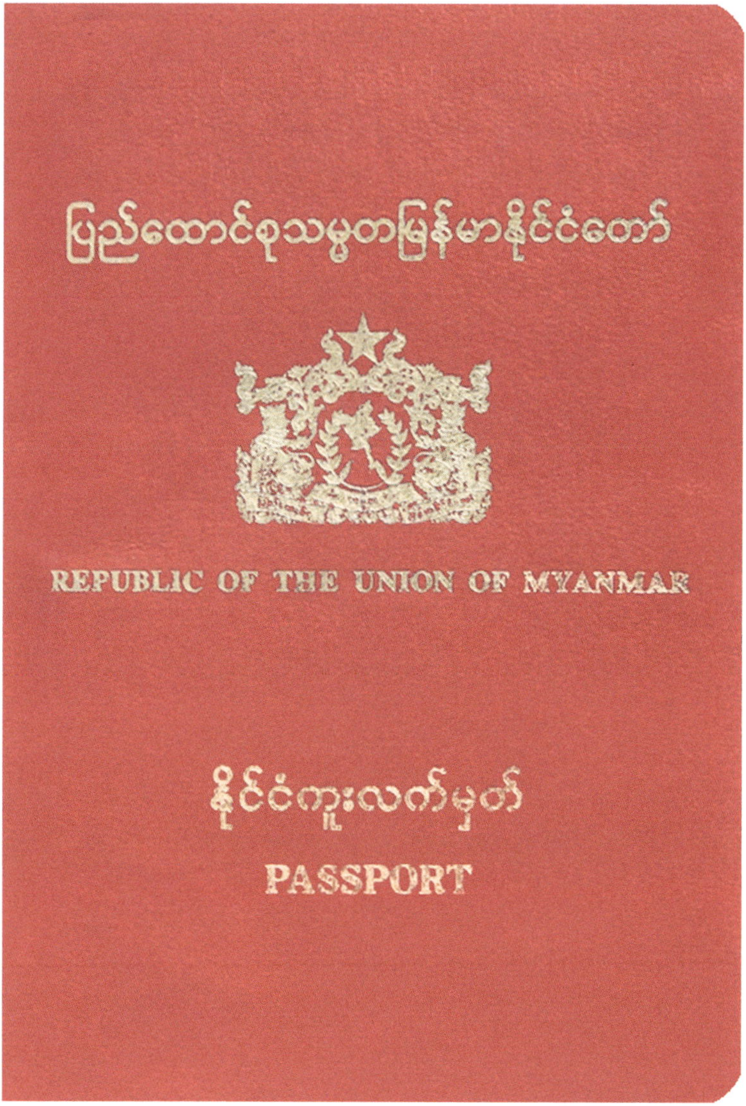
ပြည်ထောင်စုသမ္မတမြန်မာနိုင်ငံတော်
REPUBLIC OF THE UNION OF MYANMAR
နိုင်ငံကူးလက်မှတ်
PASSPORT

Laos
Demokratische Volksrepublik
Laos

Vientiane

Volksrepublik

6.800.000

236.800 km²

29

BNE 1.740 $

BIP 12,4 Mrd. $

S Lao

79 / 47

80 % der Einwohner sind (Reis-)Bauern; viele Flüsse dienen als Verkehrswege. Der einst riesige Bestand wilder Elefanten ist auf ca. 500 Exemplare reduziert. Menschenrechtsverletzungen trotz garantierter Grundrechte wie z. B. Religionsfreiheit.

République Démocratique Populaire Lao
Lao People's Democratic Republic
ໜັງສືຜ່ານແດນ
PASSPORT
PASSPORT

Vietnam
Sozialistische Republik Vietnam

★ Hanoi

Sozialistische Republik mit Einparteiensystem

91.700.000

331.200 km²

277

BNE 1.990 $

BIP 193,6

S Vietnamesisch

↑ 77 / 47

Im 20. Jh. Schauplatz des exemplarischen Stellvertreterkriegs, der dazu führte, dass das Land in den US-nahen Süden und in den Norden, der von der UdSSR und China gestützt wurde, aufgeteilt wurde. 1976 Wiedervereinigung unter kommunistischer Führung.

CỘNG HÒA XÃ HỘI CHỦ NGHĨA VIỆT NAM
SOCIALIST REPUBLIC OF VIETNAM
HỘ CHIẾU
PASSPORT

Thailand
Königreich Thailand

★ Bangkok
🏛 Konstitutionelle Monarchie

👫 67.960.000
▱ 513.100 km²
👪 132
BNE 5.720 $
BIP 395,2 Mrd. $
S Thailändisch
↑ 55 / 72

Gründete seinen Tourismussektor auf den Vietnamkrieg, als sich US-Soldaten hier von der Front erholten; der beliebte König Bhumibol starb 2016; umstritten ist sein Sohn als Nachfolger; Parteienlandschaft zerklüftet und instabil, im muslimischen Süden separatistische Rebellen.

หนังสือเดินทาง
ประเทศไทย
THAILAND
PASSPORT

Kambodscha
Königreich Kambodscha

★ Phnom Penh

🏛 Parlamentarische Monarchie

15.580.000

181.000 km²

86

BNE 1.070 $

BIP 18,1 Mrd. $

S Khmer

↑ 77 / 47

Durch die US-Flächenbombardements in den Vietnamkrieg hineingezogen, fiel das Land dem steinzeitkommunistischen Regime der „Roten Khmer“ in die Hände; systematischer Massenmord an einer ganzen Generation sollte eine Neue Welt schaffen; Traumabewältigung hält an.

ព្រះរាជាណាចក្រកម្ពុជា
KINGDOM OF CAMBODIA
ROYAUME DU CAMBODGE
លិខិតឆ្លងដែន
PASSPORT
PASSEPORT

Philippinen
Republik der Philippinen

★ Manila

Präsidialrepublik

100.700.000

300.000 km²

336

BNE 3.550 $

BIP 292,5 Mrd. $

S Filipino

↑ 65 / 61

Über 7.000 einzelne Inseln; separatistische Rebellengruppen, die Anschläge und Entführungen verüben. Seit der Entdeckung durch spanische Kolonialisten 1543 katholisch geprägt; Name zu Ehren des damaligen spanischen Kronprinzen Philipp, später König Philipp II.

PILIPINAS
REPUBLIKA NG PILIPINAS
PASAPORTE

Malaysia

★ Kuala Lumpur

Konstitutionelle Wahlmonarchie im Commonwealth, Parlamentarische Demokratie

30.330.000

329.800 km²

92

BNE 10.570 $

BIP 296,3 Mrd. $

S Malaiisch (Bahasa Malaysia)

↑ 6 / 155

Wirtschaftlich betrachtet „Schwellenstaat"; Ausfuhr: Zinn, Palmöl, Kautschuk, Erdöl. Zwei heimische Autobauer; zwei Landesteile, durch Südchinesische See getrennt: Malaiische Halbinsel im Westen (Hauptteil der Bewohner) und Insel Borneo.

MALAYSIA
BERSEKUTU
BERTAMBAH MUTU
PASPORT
PASSPORT

Singapur
Republik Singapur

★ Singapur

Republik im Commonwealth, Parlamentarische Demokratie

5.540.000

720 km²

7.694

BNE 52.090 $

BIP 292,7 Mrd. $

S Chinesisch, Englisch, Malaiisch, Tamil

↑ 3 / 158

Stadtstaat an der Südspitze der malaiischen Halbinsel; republikanisch-demokratisches System mit starker Stellung; drakonische Strafen schon für Ordnungswidrigkeiten. Zählt zu den Ländern mit den weltweit höchsten Lebenshaltungskosten.

REPUBLIC OF
SINGAPORE
MAJULAN SINGAPURA
PASSPORT

Brunei
Brunei Darussalam

★ Bandar Seri Begawan

Absolute islamische Monarchie im Commonwealth

420.000

5.770 km²

73

BNE 38.010 $

BIP 12,9 Mrd. $

S Malaiisch

↑ 20 / 136

Sultanat auf der Insel Borneo im südchinesischen Meer; seit 1984 unabhängig vom Vereinigten Königreich. Sultan residiert im größten Palast der Welt; geschätztes Vermögen: 20 Milliarden US-Dollar; der derzeitige Sultan wurde von der Queen zum Ritter geschlagen; er hat 12 Kinder mit drei Frauen.

بروني دارالسلام
BRUNEI DARUSSALAM
PASSPORT

Indonesien
Republik Indonesien

★ Jakarta

Präsidialrepublik

257.560.000

1.913.000 km²

135

BNE 3.440 $

BIP 861,9 Mrd. $

S Indonesisch (Bahasa Indonesia)

67/59

Mit über 257 Millionen Menschen bevölkerungsreichstes muslimisches Land der Welt; weltgrößter Inselstaat mit mehr als 17.000 Inseln. Auf der Hauptinsel Java leben mehr als die Hälfte der Einwohner; einst eine der ersten niederländischen Kolonien.

REPUBLIK INDONESIA
BHINNEKA TUNGGAL IKA
PASPOR
PASSPORT

Osttimor
Demokratische Republik Timor-Leste

★ Dili

Republik, Parlamentarische Demokratie

1.250.000

14.900 km²

84

BNE 2.180 $

BIP 1,4 Mrd. $

S Portugiesisch, Tetum

↑ 50 / 84

Ostteil der indonesischen Insel Timor; einziges asiatisches Land, das ganz südlich des Äquators liegt. Einst portugiesische Kolonie; langer Bürgerkrieg; heute stabilisiert; wurde als erstes Land nach indonesischer Besatzung im 21. Jh. unabhängig.

REPÚBLICA
DEMOCRÁTICA
DE TIMOR-LESTE
REPÚBLICA DEMOCRÁTICA DE TIMOR LESTE
RDTL
PASSAPORTE

Austr
Ozea

alien

nien

Australien
Australischer Bund

★ Canberra

Parlamentarisch-Demokratische Monarchie im Commonwealth

23.780.000

7.692.000 km²

3

BNE 60.070 $

BIP 1.339,1 Mrd. $

S Englisch

7/154

Ein ganzer Kontinent für nur 20 Millionen Menschen, und fast alle sind erst vor kurzem eingewandert – bzw. wurden von den Briten dorthin „verfrachtet“: über 150.000 Sträflinge mussten ihre Heimat im 18. und 19. Jh. gen Australien verlassen. Nur die Ureinwohner, die Aborigines, können auf eine richtig lange Tradition verweisen: die ältesten Spuren datieren vor 50.000 Jahren!

AUSTRALIA
Passport

Palau
Republik Palau

★ Melekeok

Präsidialrepublik

20.000

500 km²

40

BNE 12.180 $

BIP 0,3 Mrd. $

S Englisch, Palauisch

46 / 101

Staat aus 356 Inseln im Pazifik; die ca. 20.000 Einwohner verteilen sich auf elf der Inseln. Seit 1994 unabhängig, aber noch assoziiert mit Kolonialmacht USA; während des Zweiten Weltkriegs Schauplatz schwerer Kämpfe zwischen Japan und USA.

PASSPORT
GOVERNMENT OF THE
REPUBLIC OF PALAU
MCMLXXXI
REPUBLIC
OF
PALAU

Mikronesien
Föderierte Staaten von Mikronesien

★ Palikir

Bundesrepublik, Demokratie

100.000

700 km²

143

BNE 3.560 $

BIP 0,3 Mrd. $

S Englisch

↑ 46 / 101

Je dicker, desto höher der Status: das gilt auf Nauru noch immer und so leben hier die statistisch dicksten Menschen der Welt. Politisch vorherrschende Volksgruppe: Chuukesen. Sieben offizielle Sprachen: Englisch, Pohnpeanisch, Kosraeanisch, Yapesisch, Chuukesisch, Ulithisch, Woleaianisch.

PASSPORT
GOVERNMENT OF THE FEDERATED STATES OF MICRONESIA
PEACE UNITY LIBERTY
1979
Federated States of
Micronesia

Nauru
Republik Nauru

★ Yaren

Republik im Commonwealth, Parlamentarische Demokratie

10.000

21 km²

476

BNE 15.420 $

BIP 0,1 Mrd. $

S Englisch, Nauruisch

↑ 56 / 71

Kleinste Republik der Erde; lebte lange und gut vom Guano (entstand in Zusammenwirkung von Vogelkot und Kalkstein und wurde gerne als Dünger und für Sprengstoffherstellung genutzt), damals höchstes Pro-Kopf-Einkommen. Als der Rohstoff aber zur Neige ging: Finanzkrise, erst durch Auslandshilfe wieder geschäftsfähig.

REPUBLIC
OF
NAURU
NAOERO
GOD'S WILL FIRST
PASSPORT

Marshallinseln
Republik Marshallinseln

- Majuro
- Republik

- 50.000
- 181 km²
- 276
- BNE 4.770 $
- BIP 0,2 Mrd. $
- S Englisch
- 42 / 105

Seit 1986 unabhängig, zuvor US-verwaltetes UN-Gebiet; Inseln teils nur zwei Meter über Meeresspiegel; Teil von „Mikronesien“. Das zugehörige Bikini-Atoll wurde für Atombombentests genutzt; Regenzeit Mai bis November, sonst feucht-heißes Klima; „Steueroase“.

PASSPORT
REPUBLIC OF THE MARSHALL ISLANDS
SEAL
Republic of
The Marshall Islands

Kiribati
Republik Kiribati

★ Bairiki

Präsidialrepublik, Parlamentarische Demokratie

110.000

810 km²

136

BNE 3.390 $

BIP 1,6 Mrd. $

S Englisch, Gilbertesisch

41 / 107

Inselgruppe im Pazifik mit einer Gesamtausdehnung von 5.200.000 km², demnach einer der größten Staaten der Welt – rechnet man allerdings die Wasserfläche heraus, dann ist man bei nur 810 km². Sportliche Höchstleistung: Goldmedaille für Gewichtheber David Katoatau bei Commonwealth Games 2014.

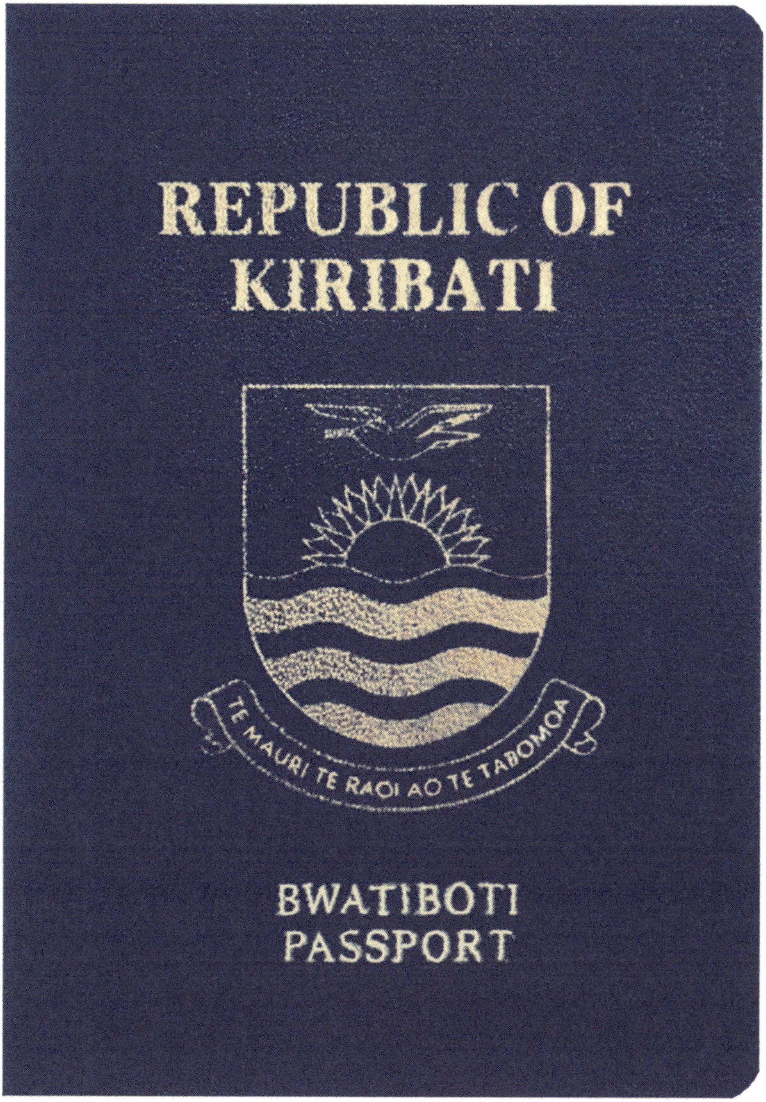
REPUBLIC OF
KIRIBATI
TE MAURI TE RAOI AO TE TABOMOA
BWATIBOTI
PASSPORT

Papua-Neuguinea
Unabhängiger Staat Papua-Neuguinea

★ Port Moresby

Parlamentarische Monarchie im Commonwealth

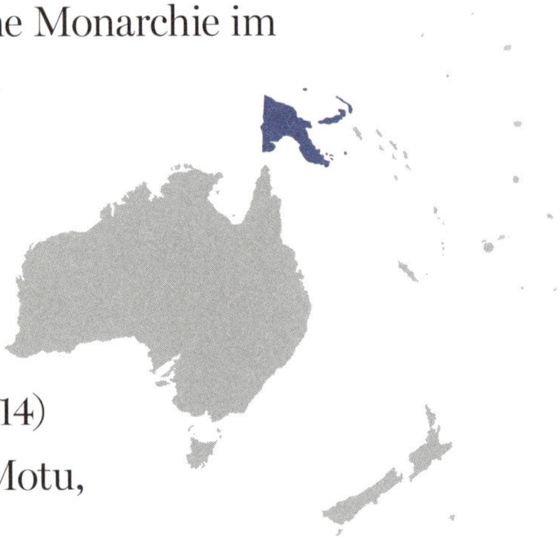

7.620.000

462.800 km²

16

BNE 2.240 $ (2014)

BIP 16,9 Mrd. $ (2014)

S Englisch, Hiri Motu, Tok Pisin

↑ 57/69

Nach Indonesien und Madagaskar flächenmäßig drittgrößter Inselstaat der Welt; als Komplementärwährung wird Muschelgeld der „Tolai“ gefördert; weltweit einzige Muschel-Bank seit 2002; Hartwährung „Kina“. Höchst kritische Menschenrechtslage.

Papua New Guinea
PASSPORT

Salomonen

★ Honiara

Parlamentarische Monarchie im Commonwealth

580.000

27.600 km²

21

BNE 1.920 $

BIP 1,1 Mrd. $

S Englisch

↑ 36 / 113

Inselstaat in der Südsee (Kulturraum Melanesien); Mitglied des Commonwealth. 1998–2003 ethnische Konflikte zwischen Melanesiern, Polynesiern und Mikronesiern, Rückgang des Fremdenverkehrs; heute Besucher in erster Linie aus Australien und Neuseeland.

SOLOMON ISLANDS
TO LEAD IS TO SERVE
PASSPORT

Tuvalu

★ Funafuti

Parlamentarische Monarchie im Commonwealth

10.000

30 km²

333

BNE 6.230 $

BIP 0,03 Mrd. $

S Englisch, Tuvaluisch

↑ 38 / 111

Polynesischer Inselstaat im Südpazifik; seit 1978 unabhängig. Gesprochene Sprachen sind: Tuvaluisch, Englisch, Samoanisch und Kiribati bzw. Gilbertesisch; keine eigene Armee; verkaufte Rechte an Top-Level-Domain „TV" (.tv) und erhielt dafür IT-Technik und UN-Aufnahmegebühr.

PASSPORT
TUVALU

Samoa
Unabhängiger Staat Samoa

★ Apia

Parlamentarische Demokratie im Commonwealth

190.000

2.830 km²

67

BNE 3.930 $

BIP 0,8 Mrd. $

S Englisch, Samoanisch

37/112

Polynesischer Inselstaat, seit 1962 von Neuseeland unabhängig. Traditionelle Ganzkörper-Tätowierungen; Plantagenwirtschaft; Industrie: Autoteile, Baumaterial aus heimischen Hölzern, Zigarettenfertigung aus Importtabak. Volkssport: Rugby („Rugby Union“).

PASSPORT
SAMOA
FA' AVAE I LE ATUA SAMOA
TUSIFOLAU
SAMOA

Vanuatu
Republik Vanuatu

★ Port Vila

Republik im Commonwealth

270.000

12.200 km²

22

BNE 3.170 $ (2014)

BIP 0,7 Mrd. $

S Bislama, Englisch, Französisch

35 / 115

Eigenständige Republik (seit 1980) im Südpazifik, vulkanisches Atoll. Zuvor hatten sich Frankreich und GB die Verwaltung der „Neu-Hebriden“ – so die damalige Bezeichnung - geteilt; heute problematisch: Überfischung, Abholzung, Trinkwasserknappheit. Einige aktive Vulkane.

Republic of
VANUATU
République de
VANUATU
Long God yumi stanap
PASSPORT
PASSEPORT

Fidschi
Republik Fidschi

★ Suva

Republik

890.000

18.300 km²

49

BNE 4.830 $

BIP 4,4 Mrd. $

S Englisch, Fidschianisch, Hindi

↑ 51/78

Seit 2014 parlamentarische Demokratie; isolierte Inselgruppe im Südpazifik, über 2.000 km nach Neuseeland. Mangroven an Küsten, tropischer Regenwald oder Savannen; eigene Tier- und Pflanzenwelt; führt Vorsitz auf der 23. UN-Klimakonferenz in Bonn 2017.

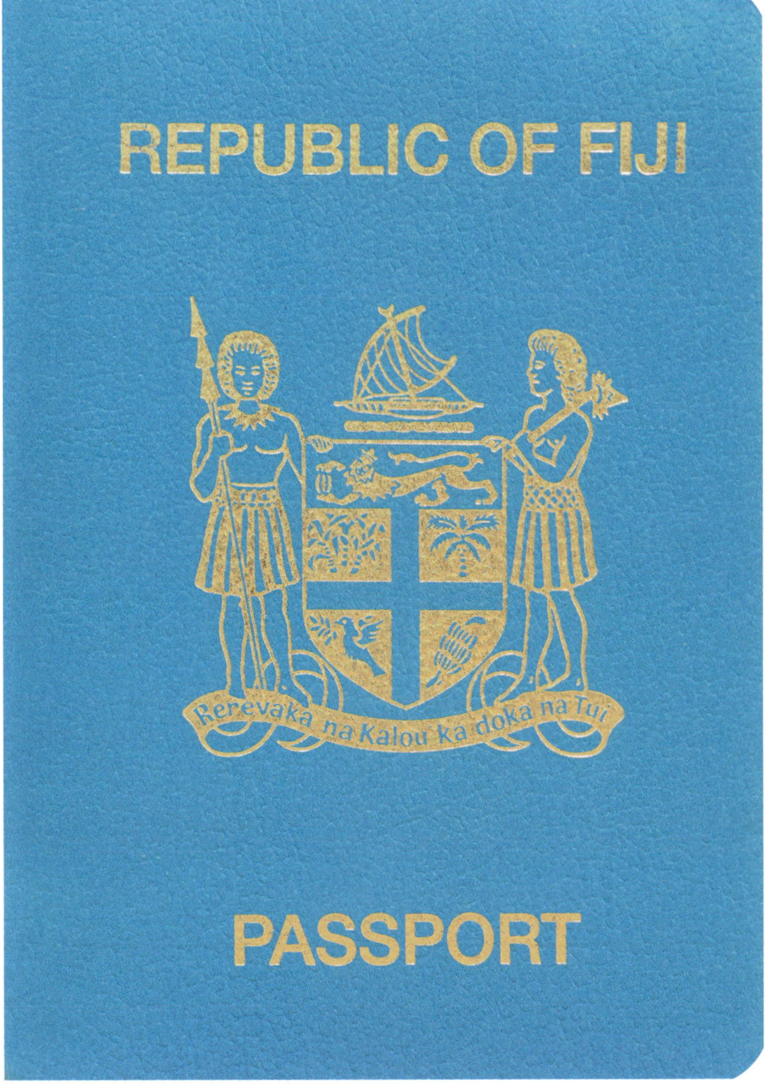
REPUBLIC OF FIJI
Rerevaka na Kalou ka doka na Tui
PASSPORT

Tonga
Königreich Tonga

★ Nuku'alofa

Konstitutionelle Monarchie im Commonwealth

110.000

750 km²

147

BNE 4.280 $

BIP 0,4 Mrd. $

S Tongaisch

↑ 40 / 109

Polynesische Inselgruppe im Südpazifik; es gilt: je dicker, desto schöner – die Folge: endemisches Übergewicht; die Regierung investiert in Ernährungsberatung, um diesem Trend entgegenzuwirken. Volkssport: Rugby („Rugby Union"); die besten Spieler gehen aber nach Australien und Neuseeland.

PULE'ANGA 'O TONGA
KINGDOM OF TONGA
KO E 'OTUA
MO TONGA KO HOKU
TOFI'A
PAASIPOOTI
PASSPORT

Neuseeland

★ Wellington

Parlamentarisch Monarchie im Commonwealth

4.560.000

270.500 km²

17

BNE 40.020 $

BIP 173,8 Mrd. $

S Englisch, Maori

↑ 7/154

Inselstaat weit im Süden des Pazifik (Nord- und Südinsel, dazu viele kleinere), „Ozeanien", große Naturvielfalt, dünn besiedelt, indigene Völker (Maori). Starker Agrarsektor: Schafzucht, Wein, Obst, Fischerei; Haupthandel mit Australien und China.

NEW ZEALAND
PASSPORT
URUWHENUA
AOTEAROA

16 FEB 2005
IMMIGRATION
DEPARTURE
22 NOV 2004
W
932 SINGAPORE
IMMIGRATION SINGAPORE
VISIT PASS
Subject to Reg. 12 (7) Immigration Regulations
17 NOV 2004
REMAIN IN SINGAPORE FOR THIRTY DAYS FOR SOCIAL VISIT ONLY FROM DATE SHOWN ABOVE.
MALAYSIA IMMIGRATION
L.T.A. KOTA KINABALU, SABAH
SOCIAL/BUSINESS VISIT PASS
Reg. 11, Imm. Regs., 63
H1 169
S1 1
22 NOV 2004
Permitted to enter and remain in Sabah and West Malaysia for THREE MONTHS from the date shown above.
3 JAN 2005
IMMIGRATION
BKT. KAYU HITAM
CHANGLOON
08 DEC 2004
KELUAR
MALAYSIA
IMMIGRATION
SADAO THAILAND
VISA CLASS
30
08 DEC 2004
3 JAN 2005
SIGNED
6

3 NOV 2004
DEPARTED
AUSTRALIA
IMMIGRATION
BANGKOK THAILAND
VISA CLASS
25 FEB 2005
ADMITTED
UNTIL 26 MAR 2005
SIGNED
DEPARTED
28 FEB 2005
POLICIA DE INVESTIGACIONES
CONTROL MIGRATORIO
10 SEP 04
CHILE
AEROPUERTO A. MERINO BENITEZ
IMMIGRATION
DEPARTED
29 JAN 2005
PRAZO
DOC.
CLAS.
10 09 04 5 1 3 2
DPMAF - DPF - BRASIL
04 09 04 5 1 3 1

Passport-Index

Platz	
1	Deutschland
2	Schweden
3	die übrigen skandinavischen Länder Finnland, Norwegen und Dänemark sowie Großbritannien, Frankreich, Italien, Spanien und Singapur
4	Vereinigte Staaten von Amerika, die Benelux-Länder (Belgien, Niederlande und Luxemburg), Schweiz und Österreich, Portugal und Südkorea
5	Irland und Japan
6	Kanada, Griechenland und Malaysia
7	Island, Australien und Neuseeland
8	Tschechien und Malta
9	Ungarn
10	Polen
11	Lettland, Litauen, Slowakei und Slowenien
12	Estland und Liechtenstein
13	Zypern
14	Monaco
15	Bulgarien, Rumänien, Kroatien und Brasilien
16	Argentinien
17	San Marino und Chile
18	Andorra und Hongkong

Platz	
19	Israel
20	Brunei
21	Barbados
22	Vatikanstadt
23	Bahamas
24	Mexiko
25	Uruguay
26	Seychellen
27	Antigua und Barbuda
28	St. Kitts und Nevis, Vereinigte Arabische Emirate
29	Trinidad und Tobago
30	Costa Rica, St. Vincent und die Grenadinen
31	Mauritius und Venezuela
32	Peru, St. Lucia, Taiwan
33	Macau
34	Grenada, Panama und Paraguay
35	Vanuatu
36	Dominica, El Salvador und die Salomonen
37	Serbien, Honduras und Samoa
38	Tuvalu
39	Guatemala
40	Tonga
41	Kiribati und Mazedonien
42	Kolumbien, Marshallinseln und Russland
43	Moldawien, Montenegro, Türkei und Nicaragua

Platz	
44	Georgien
45	Bosnien und Herzegowina
46	Mikronesien und Palau
47	Albanien
48	Südafrika
49	Ukraine
50	Belize, Kuwait und Osttimor
51	Fidschi, Jamaika und Katar
52	Ecuador und Guyana
53	Bahrain
54	Malediven
55	Botsuana und Thailand
56	Nauru und Oman
57	Kasachstan, Lesotho, Papua-Neuguinea, Saudi-Arabien und Suriname
58	Bolivien, Kenia und Weißrussland
59	Malawi und Swasiland
60	Namibia
61	Gambia
62	Tansania
63	Aserbaidschan und Kap Verde
64	Sambia und Tunesien
65	Philippinen und Simbabwe
66	Dominikanische Republik, Kuba, Sierra Leone und Uganda
67	Armenien, Ghana und Indonesien
68	Kirgisistan und Mongolei
69	Benin
70	China, São Tomé und Príncipe
71	Elfenbeinküste, Guinea, Marokko und Senegal

Platz	
72	Burkina Faso, Haiti, Tadschikistan und Usbekistan
73	Mauretanien
74	Mosambik, Ruanda und Togo
75	Ägypten, Gabun, Madagaskar, Mali und Niger
76	Bhutan und Komoren
77	Guinea-Bissau, Kambodscha, Tschad, Turkmenistan und Vietnam
78	Algerien und Indien
79	Jordanien, Laos und Liberia
80	Angola, Äquatorialguinea, Burundi, Kamerun und Zentralafrikanische Republik
81	Republik Kongo
82	Nigeria
83	Dschibuti
84	Demokratische Republik Kongo
85	Kosovo und Myanmar
86	Eritrea, Nordkorea und Palästinensische Autonomiegebiete
87	Äthiopien, Libanon, Sri Lanka und Südsudan
88	Bangladesch, Iran, Jemen, Libyen, Nepal und Sudan
89	Somalia
90	Syrien
91	Irak
92	Pakistan
93	Afghanistan

(*Quelle: https://www.passportindex.org, Stand: Juni 2017)

in der Verlagsgruppe Random House GmbH
Neumarkter Straße 28 · 81673 München

www.prestel.de

Idee: Christian Rieker
Texte: Philipp Hontschik
Herausgabe und Projektleitung: Nicola von Velsen
Recherche Zahlen und Korrektorat: Melanie Ippach
Recherche und Koordination
der Abbildungen: Judith Klein
Design: Birthe Steinbeck
Satz: Hilde Knauer
Herstellung: Friederike Schirge
Lithografie: Reproline Mediateam
Druck und Bindung: TBB a.s., Banská Bystrica
Papier: Tauro Offset
Verlagsgruppe Random House FSC® N001967

MIX
Aus verantwortungsvollen Quellen
FSC® C022120
FSC www.fsc.org

Printed in Slovakia
ISBN 978-3-7913-8372-9

Dank des Teams
Die Idee zu diesem Buch hatte Christian Rieker – ihm gilt der erste Dank. Wir danken allen Menschen, die in der Ferne und in der Nähe, selber oder über ihre Familien, ihre Freunde und Bekannte Fotos der Passcover für dieses Projekt gemacht und zu uns geschickt haben. Wir danken allen, die uns bei dieser Suche und dem Aufbau des Netzwerks unterstützt haben. Wir danken dem Auswärtigen Amt der Bundesrepublik Deutschland, dem Bundespolizeipräsidium in Potsdam, dem Europäischen Rat, hier PRADO, dem öffentlichen Online-Register, für hilfreiche Hinweise.

Bildnachweis
© Aller Reisepässe liegen bei den ausgebenden Ländern
© Abbildungen von Pässen: Abihatsira Issac/shutterstock.com: Albanien, Äthiopien, Estland, Fidschi, Lettland, Litauen, Nigeria, Serbien, Spanien, Südafrika, Togo; KUMOHD/shutterstock.com: Malaysia; Natalya Matveeva/shutterstock.com: Moldavien; Saman527/shutterstock.com: Sri Lanka; Sukiyaki/shutterstock.com: Japan; Charles Taylor/shutterstock.com: S. 26/27, 72/73, 100/101, 202/203, 312/313, 406/407.